Mythos „Bismarcks Sozialpolitik" –
Akteure und Interessen der Sozialgesetzgebung
im Deutschen Kaiserreich

Inhaltsverzeichnis

FRAGEN EINES LESENDEN ARBEITERS

Wer baute das siebentorige Theben?

In den Büchern stehen die Namen von Königen.

Haben die Könige die Felsbrocken herbeigeschleppt?

Und das mehrmals zerstörte Babylon,

Wer baute es so viele Male auf? In welchen Häusern

des goldstrahlenden Lima wohnten die Bauleute?

Wohin gingen an dem Abend, wo die chinesische Mauer fertig war,

die Maurer? Das große Rom

ist voll von Triumphbögen. Über wen

triumphierten die Cäsaren? Hatte das vielbesungene Byzanz

nur Paläste für seine Bewohner? Selbst in dem sagenhaften Atlantis

brüllten doch in der Nacht, wo das Meer es verschlang,

die Ersaufenden nach ihren Sklaven.

Der junge Alexander eroberte Indien.

Er allein?

Cäsar schlug die Gallier.

Hatte er nicht wenigstens einen Koch bei sich?

Philipp von Spanien weinte, als seine Flotte

untergegangen war. Weinte sonst niemand?

Friedrich der Zweite siegte im Siebenjährigen Krieg. Wer

siegte außer ihm?

Jede Seite ein Sieg.

Wer kochte den Siegesschmaus?

Alle zehn Jahre ein großer Mann.

Wer bezahlte die Spesen?

So viele Berichte,

So viele Fragen.

(Bertolt Brecht)

1. Einleitung

„Legende zu Lebzeiten" hat Otto Pflanze jenes Kapitel seiner Biographie über Otto von Bismarck beschrieben, das die Zeitspanne nach dem Sturz des Reichskanzlers umfasst. Mit Blick auf den 80. Geburtstag des Reichskanzlers a.D. im Jahr 1895 fährt er darin fort: „Ende Juni hatte Bismarck zu über fünfunddreißig Gratulantenabordnungen gesprochen und für jede, neben seiner politischen und patriotischen Botschaft, einige besonders an sie gerichtete Worte gefunden. Vor der hohen Ziegelmauer, die Haus und Park gegen die Außenwelt abschirmten, drängten sich die Massen der Besucher, die auch das Dorf bevölkerten und fliegende Souvenirhändlern gute Einkünfte verschafften. Am 1. April wurden sie in den Park gelassen, wo ihnen sechs Militärkapellen aufspielten. Weit über tausend Geschenke wurden von Bismarcks Bedienten in Empfang genommen. Innerhalb weniger Tage wurden Post- und Telegraphenämter mit mehreren tausend Päckchen, 10000 Telegrammen und 450000 Postkarten, Briefen und Drucksachen überschwemmt. [...] In Berlin begingen Reichs-, preußische und städtische Behörden den Tag als Feiertag, und der Kaiser lud hohe Beamte, Minister und Angehörige des Bundesrats, Reichstags und Landtags zu einem Bankett ins Schloß. In den meisten deutschen Städten wehten Fahnen, öffentliche Gebäude wurden dekoriert, es gab schulfrei und zahlreiche Feierlichkeiten. Nach einer Zählung wurde der Ehrentag des Reichsgründers in vierundsechzig deutschen und fünfzehn österreichischen Städten sowie in vielen deutschen Gemeinden im Ausland auf diese oder jene Weise festlich begangen, nicht zu reden von den Kleinstädten und Dörfern in Deutschland und den Hunderten von deutschen Vereinen überall in der Welt (achtzig allein in den Vereinigten Staaten von Amerika). [...] Bismarck war in allen Zeitungen das große Thema. Sein achtzigster Geburtstag wurde wahrlich als Nationalfeiertag begangen, so wie bisher nur der Sedantag und die Geburtstage der regierenden Monarchen. Bis 1895 war der aus seinen Ämtern entlassene Bismarck im deutschen öffentlichen Leben kaum weniger präsent, als er es während seiner Kanzlerschaft gewesen war."[1] Diese Präsenz, die Bismarck zum Ärger Kaiser Wilhelm II. durch tagespolitische Einlassungen

---

[1] Zitiert nach: Pflanze, Otto: Bismarck. Der Reichskanzler, 1. Aufl. in der Beck`schen Reihe, München 2008, S. 652-654.

in Zeitungen und vielfach beachteten, öffentlichen Auftritten selbst beförderte,[2] fand Ihre Ursache im Streben, das politische und persönliche Erbe auch als solches im Bewusstsein der Öffentlichkeit zu erhalten. Gleichzeitig spiegelte sich darin aber auch eine noch zu Lebzeiten Bismarcks einsetzende Popularisierung wider, die nach seinem Tod 1898, versinnbildlicht u.a. in einer neuen Welle von massenhaft errichteten Bismarckdenkmälern, politisch bewusst zu einem der wichtigsten nationalen Integrationsmythen der deutschen Geschichte stilisiert wurde. [3] Möchte man eine Bewertung der bisher überwiegend Bismarck zugeschriebenen sozialpolitischen Maßnahmen im Deutschen Kaiserreich vornehmen, so muss sich eine Analyse daher zwangsweise an erster Stelle dem Einfluss widmen, den die mythologische Verklärung auf die historische Überlieferung der Person Otto von Bismarck ausgeübt hat. [4] Hierbei sind anhand wichtiger Zäsuren der deutschen Geschichte nicht nur die entscheidenden Kontinuitäten und Brüche sondern auch mögliche Instrumentalisierungsabsichten und Umdeutungen des Bismarckbildes nachzuzeichnen. Ein besonderes Augenmerk muss dabei auf die wissenschaftliche Überlieferung gelegt werden, denn kaum eine Persönlichkeit ist in der deutschen Geschichtsschreibung so kontrovers diskutiert wurden wie der deutsche Reichskanzler. Hier ist zudem besonders danach zu fragen, inwiefern die deutsche Geschichtsschreibung möglicherweise selbst zu einer mythologischen Überlieferung beigetragen hat und wo mögliche Gründe dafür verortet werden können? Um der vorliegenden Arbeit ein entsprechendes Fundament zu geben, soll dies mit einer ausführlichen und kritischen Würdigung der Bismarckforschung einhergehen, da nur auf diese Weise verständlich gemacht werden kann, warum ein so hochkomplexes Politikfeld wie die Sozialpolitik in der Rückschau auf das Deutsche Kaiserreich hauptsächlich nur mit dem Namen einer Person

---

[2] Ebd.: S. 648-652.

[3] Vgl.: Alings, Reinhard: Monumente und Nation. Das Bild vom Nationalstaat im Medium Denkmal – zum Verhältnis von Nation und Staat im deutschen Kaiserreich 1871-1918, Berlin 1996, S. 128-141.

[4] Dass Herfried Münkler in seinem viel gelobten Buch: „Die Deutschen und ihre Mythen" jüngst ein Kapitel mit „Preußenmythos und preußische Mythen" betitelte aber ausgerechnet die mythologische Verklärung Otto von Bismarcks und dessen Instrumentalisierung als zentralen Integrationsmythos des Deutschen Kaiserreichs vollkommen ignorierte, deutet auf ein umfassenderes Problem hin. Die Zeit zwischen 1849 bis 1914 ist selbst für viele Historiker und historisch argumentierende Politikwissenschaftler ein blinder Fleck in ihrer geistigen und zu oft von Zäsuren und Ereignissen dominierten Landkarte. Erfrischende und erkenntnisträchtigere Alternativen stellen hier Heinrich August Winkler, Jürgen Kocka, Eric Hobsbawm oder David Landes dar.

verbunden wird. Anschließend sollen die historischen Wurzeln der Sozialgesetzgebung des Deutschen Kaiserreiches aufgezeigt und ersichtlich werden, welche ideengeschichtlichen Entwicklungen entscheidenden Einfluss ausgeübt haben. Dabei soll auch deutlich werden, inwieweit die Sozialgesetzgebung unter Bismarck bereits an mögliche Traditionslinien anknüpfen konnte und somit von Pfadabhängigkeiten geprägt war. Im Anschluss daran wird eine allgemeine Einordnung der staatlichen Sozialgesetzgebung in ihren historischen Kontext vorgenommen, wobei insbesondere der Preußische Verfassungskonflikt, der „Kulturkampf" und das „Sozialistengesetz" als Referenzpunkte näher betrachtet werden. Sie stehen exemplarisch für die Zeitspanne von rund einem Jahrzehnt vor der Gründung des Deutschen Kaiserreiches bis ein Jahrzehnt nach dessen Gründung und zeigen auf, dass eine von ihnen losgelöste Bewertung der Sozialgesetzgebung nicht möglich ist, da insbesondere die Repressionsmaßnahmen im Zuge des Sozialistengesetzes eben nicht erst seit 1878 alltäglich waren, sondern einer Tradition systematischer Exklusion politischer Gegner Bismarcks entsprang, die nun unbeabsichtigt mitverantwortlich dafür war, dass sich eine ursprünglich heterogene Arbeiterschaft zu einer relativ homogenen Massenbewegung entwickelte, auf die der Reichskanzler selbst aber lange Zeit keine politische Antwort hatte. Aus welcher Perspektive die Arbeiterbewegung und ihre sozialen und politischen Forderungen von Bismarck wahrgenommen wurden, soll anhand einer Analyse seiner ordnungspolitischen Grundvorstellung aufgezeigt werden, wobei zwingend auf biographische Veränderungsprozesse und auf sein Verständnis der Begriffe „Revolution" und „Reform" einzugehen ist, da sie innerhalb der Bismarckforschung je nach Verwendung unterschiedliche Schlüsse nach sich ziehen. Spätestens hier sind insbesondere auch das Staats- und Hierarchieverhältnis Bismarcks sowie das Spannungsverhältnis zwischen monarchischem Staat und Reichstag näher zu erläutern. Dabei ist zu überprüfen, welche ideengeschichtlichen Faktoren Bismarcks Denken und Handeln zugrunde lagen und wie sie sein Bild der Gesellschaft sowie das von deren Transformation prägten. Im darauffolgenden Punkt soll dann mit dem Kathedersozialisten Albert Schäffle die bisherige Fokussierung auf Otto von Bismarck durch die Berücksichtigung zentraler weiterer Akteure ergänzt und damit aufgezeigt werden, wo die gedanklichen Ursprünge der

Sozialgesetzgebung des Deutschen Kaiserreiches lagen. Mit Hermann Wagener und Theodor Lohmann wird dies am Beispiel des persönlichen Umfeldes des Reichskanzlers und der Ministerialbürokratie unternommen, wobei nachgewiesen werden soll, dass nicht nur politische, sondern vor allem auch persönliche und gesellschaftliche Einflüsse der weiteren Akteure maßgeblich zu einem Zustandekommen der Sozialgesetzgebung beigetragen haben. Dass dabei auch handfeste Interessen eine entscheidende Rolle spielten, wird dann am Beispiel der wirtschaftlichen Belange verdeutlicht. Hierbei ist näher auf das Selbstverständnis und die zentralen Merkmale der neuen Gesellschaftsschicht der Großunternehmer einzugehen und am Beispiel Louis Baares darzulegen, auf welche Weise die Wirtschaft durch individuelle Initiativen und organisierte Abstimmung auf verschiedenen Wegen direkten Einfluss auf die Sozialgesetzgebung des Deutschen Kaiserreiches ausübte. Abschließend werde ich in einem Fazit die zentralen Erkenntnisse dieser Arbeit zusammenfassen, entstandene Fragen aufzeigen und in einem Ausblick auf mögliche Tendenzen der Forschung zur Sozialgesetzgebung im Deutschen Kaiserreich eingehen. Um der Komplexität des Themas gerecht zu werden, konzentriert sich die vorliegende Arbeit auf die Anfangszeit der staatlichen Sozialgesetzgebung und dabei speziell auf die mit der Unfallversicherung verbundenen Kontexte, wobei diese bereits mit dem Reichshaftpflichtgesetz einsetzten. Die entscheidenden Prozesse vor bzw. nach dieser Phase werden dahingehend nur insofern berücksichtigt, wie sie für das Nachzeichnen von entscheidenden Kontinuitäten oder Diskontinuitäten gewinnbringend sind und dadurch eine genauere Einordnung des gewählten Themas in den historischen Gesamtkontext ermöglichen. Den zentralen Anstoß für den Titel dieser Arbeit stellt der Widerspruch dar, dass man das Deutsche Kaiserreich trotz aller Strukturdefekte und Demokratiedefizite in der Geschichtswissenschaft zu Recht als hochindustrialisierten und funktional-differenzierten Staat der Moderne beschreibt,[5] gleichzeitig aber und das wie aufgezeigt werden soll zu Unrecht, eines seiner bedeutendsten und umstrittensten Politikfelder als „Bismarcks

---

[5] Vgl.: Mommsen, Wolfgang: Das deutsche Kaiserreich als System umgangener Entscheidungen, in: Ders. (Hrsg.): Der autoritäre Nationalstaat. Verfassung, Gesellschaft und Kultur im deutschen Kaiserreich, Frankfurt (Main) 1990, S. 11-38.

Sozialpolitik bzw. Sozialgesetzgebung" simplifiziert.[6] Ziel dieser Arbeit ist es daher, der im Hinblick auf die staatliche Sozialgesetzgebung noch immer zu abstrakten Staats- und Staatsmännergeschichte eine Prozessgeschichte entgegenzustellen, welche die Staatsmänner nicht in ihren starren historischen Rollenbildern betrachtet, sondern sie als komplexe handelnde Akteure versteht und sie damit in Wechselwirkung mit ihrer historischen Umwelt, d.h. auch unter Berücksichtigung der weiteren handelnden Akteure analysiert. Insgesamt bewegt sich diese Arbeit dabei im Spannungsfeld der Sozial- und Wirtschaftsgeschichte sowie dem eng damit verknüpften Spezialbereich der Arbeitergeschichte. Inhaltlich umfasst sie einen Themenkomplex, welcher sich aus Forschungen zum Kaiserreich, zur Person Bismarcks, zur Industrialisierung, zur gesellschaftlichen Transformation, zur „Sozialen Frage" sowie deren historische Begleitprozesse bestehend aus Pauperismus, Urbanisierung, Säkularisierung, Rationalisierung und demographischem Wandel zusammensetzt. Mit Blick auf die ideengeschichtlichen Hintergründe ist dabei zudem unmittelbar die Trias der Großideologien des Liberalismus, des Kommunismus / Sozialismus und insbesondere des Konservatismus von Bedeutung. Die Arbeit, ursprünglich als ein Überblickwerk zur gesamten Sozialgesetzgebung unter Otto von Bismarck angedacht, wurde nach dem Quellenstudium dahingehend konkretisiert, dass sie anhand zentraler Akteure auch die komplexen Meinungsbildungs- und Entscheidungsprozesse innerhalb eines modernen Industriestaates widerspiegelt. Sie erhebt damit keineswegs den Anspruch die Sozialgesetzgebung des Kaiserreiches umfassend zu thematisieren, sondern versucht vielmehr durch Beschränkung auf ein relativ kleines Zeitfenster von 1871 bis 1884 zu widerlegen, dass die meist als „Bismarcks Sozialgesetzgebung" simplifizierte sozialpolitische Intervention des Staates zwischen 1871 und 1890 allein durch den Reichskanzler geprägt wurde. Um der Komplexität einer solchen Thematik entsprechenden Raum zu geben, wurde auf eine zu kleinteilige Untergliederung verzichtet und sich stattdessen an einer essayistischen Gestaltung orientiert. Der begrenzte Umfang der Arbeit und die ungünstige Quellenlage machten es unumgänglich mit dem

---

[6] Dass Norbert Blüm diesen Terminus selbst in seinem Vorwort zu der von Lothar Machtan herausgegebenen und an wissenschaftlicher Bedeutung für ein differenziertes Bild zur Sozialgesetzgebung im Deutschen Kaiserreich gar nicht zu überschätzenden Quellenedition zur Privatkorrespondenz Theodor Lohmanns verwendet, zeigt wie schräg eine unbedachte Verwendung von zur Gewohnheit gewordenen Redewendungen geraten kann.

Gesetzgebungsprozess im Reichstag bzw. in seinen Ausschüssen einen wichtigen aber ebenso umfassenden Bereich unberücksichtigt zu lassen. Allein die Rekonstruktion der einzelnen Parteiinitiativen und Positionen hätten den Rahmen bei weitem gesprengt. Auf Basis dieser vielschichtigen Ausgangssituation soll nun zu Beginn die grundlegende Bedeutung der Instrumentalisierung und Verklärung Otto von Bismarcks nachvollzogen werden. Ihr Verständnis legt den Grundstein dafür, die Ursachen für die verschiedenen Perspektiven auf die Sozialgesetzgebung im Deutschen Kaiserreich erkennen, den nachträglich konstruierten Wunsch von der durch Quellen nachgewiesenen Wirklichkeit unterscheiden sowie die Säge des wissenschaftlich fundierten Zweifels an den Baum des scheinbar unumstößlichen Mythos „Bismarcks Sozialpolitik" legen zu können.

2. Mythologische Verklärung Otto von Bismarcks – das Bismarckbild im Wandel der Zeit

Möchte man sich mit dem Menschen Otto von Bismarck auseinandersetzen, so muss man, wie Lothar Machtan argumentiert und es beispielhaft unternommen hat, den Bismarck, der fast drei Jahrzehnte die Politikgeschichte geprägt hat von jenem unterscheiden können, der sich bereits zum Ende des 19. Jahrhunderts als Ikone in das öffentliche Bewusstsein eingeprägt und dann als Mythos zum Transport diverser politischer Botschaften und Bestrebungen verschiedenster Couleur gedient hat. Der Bismarckmythos war so Machtan weiter ein zentrales Kernelement jenes Nationalmythos, der die Deutschen im 20. Jahrhundert auf so verhängnisvolle Weise bestimmt hat.[7] Seit 1895 gab es in Europa bis zum massenhaften Führerkult um Adolf Hitler keinen politischen Akteur, dem so aufwendig gehuldigt wurde.[8] Im Hinblick auf die wissenschaftliche Auseinandersetzung mit der Person Bismarck wurden zudem nur wenige Akteure der deutschen Geschichte mit so unterschiedlichen Forschungsergebnissen untersucht. Er ist im wissenschaftlichen Diskurs zugleich, so fasst es Golo Mann zusammen: „[...] der zynische Zerstörer der

---

[7] Vgl.: Machtan, Lothar: Einführung, in: Ders. (Hrsg.): Bismarck und der deutsche Nationalmythos, Bremen 1994, S. 7-10.
[8] Vgl.: Kolb, Eberhard: Bismarck, München 2009, S. 136-137.

alten europäischen Ordnung, und auch ein tief verantwortlicher, christlicher, Europa-bewußter Staatsmann; ein Revolutionär und ein Konservativer; ein Erzjunker und ein Intellektueller, ein Künstler und Schriftsteller; ein überaus liebenswürdiger, lebensvergnügter Mensch, ein Meister geistfunkelnden Gespräches und auch ein harter, selbstsicherer, gieriger Despot, dem man gern aus dem Weg ging; ein listenreicher Mogler und ein Politiker, der das Vertrauen der weiten Welt durch die großartige Zuverlässigkeit und Stetigkeit seiner Haltung gewann; ein sehr gesunder und kräftiger Mann und auch ein kranker, nervenleidender und nahezu pathologischer."[9] Um ein solch ausgewogenes Bild zu erhalten, bedurfte es eines langen Weges in der historischen Bismarckforschung. Da die bereits zu Lebzeiten Bismarcks veröffentlichten „Gedanken und Erinnerungen" zu einem Standardwerk für Staatsführung und Diplomatie avancierten, darüber hinaus aber auch bei der breiten Masse der Bevölkerung hoch im Kurs standen, prägte sich ein Bild des Reichskanzlers ein, das dieser selbst vermittelte.[10] Getragen von einem bis dato ungekannten Personenkult erhielt die Person Otto von Bismarck somit bereits im Deutschen Kaiserreich eine mythologische Aufladung, die für Kaiser Wilhelm II. eine unumgängliche Integrations- und Subordinationsfunktion übernahm so Machtan.[11] Unmittelbar nach der Revolution 1918/19 und in der Weimarer Republik waren die Auswirkungen dieser Unterordnungs- und Loyalitätsideologie insbesondere bei nationalistischen Historikern wie Karl Alexander von Müller und Erich Marcks zu beobachten. Ganz im Duktus konservativer Intellektueller und der „Ideen von 1914", sprach 1924 bei Müller neben einer offen zur Schau gestellten Republikablehnung auch eine fast religiöse Verklärung Bismarcks sowie eine rückwärtsgewandte Sehnsucht nach einem politischen Erlöser aus jedem Wort: „Wir erliegen in der Ohnmacht der Mittelmäßigkeit und schreien wie der Hirsch nach Wasser in unserer Not nach einem, der uns führen soll. Daß sein [Bismarcks] Geist noch nicht gestorben ist, läßt uns die Hoffnung, daß er eines Tages in unserem Volk von neuem entstehe: daß die Stunde kommen werde, in der aus den dumpfen Gewölken unserer Verwirrung wieder der Blitz eines Genius zückt und die Berge unserer

---

[9] Zitiert nach: Mann, Golo: Bismarck, in: Gall, Lothar (Hrsg.): Das Bismarck-Problem in der Geschichtsschreibung nach 1945, Köln / Berlin, 1971, S. 329.

[10] Vgl.: Born, Karl Erich: Staat und Sozialpolitik seit Bismarcks Sturz, Wiesbaden 1957, S. 11.

[11] Machtan, Lothar: Bismarck-Kult und deutscher National-Mythos 1890-1940, in: Ders. (Hrsg.): Bismarck und der deutsche Nationalmythos, Bremen 1994, S. 30-34.

Schande aufzehrt."[12] Mit der einsetzenden nationalsozialistischen Propaganda während der Weimarer Republik und der endgültigen Machtergreifung 1933 wurden, neben einem biologistischen Rassismus, zwei Argumentationsmuster immer wieder propagiert. Neben einer Kontinuitätslinie zwischen Adolf Hitler und dem „Schmied des Kaiserreiches" Otto von Bismarck,[13] war hier eine in diesem Zusammenhang naheliegende aber im Grad der Ausschließlichkeit extremere Variante der auf Herrschaftssicherung abzielenden Sozialpolitik maßgeblich.[14] Beides zielte auf eine Legitimierung des Systems sowie eine Integration der einzelnen Gesellschaftsschichten. Im Hinblick auf den Bismarckmythos stellte Lothar Machtan jedoch zutreffend fest, dass das Verhältnis der nationalsozialistischen Ideologen zu selbigem von einem zentralen Widerspruch gekennzeichnet war, da sie, was Loyalität und Gefolgschaft betraf, einerseits die ihm innenwohnenden „Erziehungspotentiale" für die eigene Herrschaft nutzen, andererseits aber auch keine konkurrierende Größe neben dem Führermythos dulden wollten.[15] Dass eine große Huldigung Bismarcks letztmalig schon zum 50. Geburtstag Adolf Hitlers am 20. April 1939 erfolgte, zeigte die bewusste und perfekt getimte Instrumentalisierung, denn zu diesem Zeitpunkt waren auch die richtungsweisenden Würfel für das Hitler-Regime bereits gefallen und die Herrschaft soweit etabliert, dass selbst die Kriegspläne nur noch im genauen Zeitpunkte vakant waren.[16] Nach zwei groß produzierten Bismarckfilmen in den Jahren 1940 und 1942 hatte der Mythos für das Regime dann auch vollends ausgedient und wiederum Machtan stellte richtigerweise fest: „Was hätte er auch zum Programm des „totalen Krieges" und des Völkermordes noch beitragen können? Nichts!"[17] Anders steht es mit der Sozialpolitik. Sie ist im Rahmen der Kriegszielpolitik und im Gegensatz zum Ersten Weltkrieg zu dem integrierenden und stabilisierenden Element schlechthin avanciert. In großen Teilen ihrer Struktur war sie dabei noch immer mit dem Grundgerüst der Sozialgesetzgebung des Deutschen Kaiserreiches und den Ergänzungen der

---

[12] Zitiert nach: Machtan, Lothar: Bismarck-Kult und deutscher National-Mythos 1890-1940, S. 42-43.
[13] Vgl.: ebd. S. 49-50.
[14] Vgl.: Hentschel, Volker. Das System der sozialen Sicherung in historischer Sicht 1880-1975, In: Archiv für Sozialgeschichte, Bd. 18/1978, S. 322-324.
[15] Vgl.: Machtan, Lothar: Bismarck-Kult und deutscher National-Mythos 1890-1940, S. 58.
[16] Vgl.: Lüdicke, Lars: Griff nach der Weltmacht. Die Außenpolitik des Dritten Reiches 1933-1945, Berlin 2009, S. 115.
[17] Zitiert nach: Machtan, Lothar: Bismarck-Kult und deutscher National-Mythos 1890-1940, S. 58.

Weimarer Republik deckungsgleich. [18] In beiden Teilen, d.h. sowohl im Bismarckmythos als auch in der Sozialpolitik ist daher auch eine entscheidende Kontinuitätslinie in die Nachkriegszeit bis weit in die Bundesrepublik Deutschland zu beobachten. In ersterem ist dabei allerdings auch eine zentrale Verschiebung zu beobachten, die dort einsetzte, wo der Kulturbruch des Hitler-Regimes soweit fortgeschritten war, dass sich auch die drohende Niederlage nicht mehr verleugnen ließ. Erst zu diesem Zeitpunkt brach ein kleiner Teil der konservativen Eliten, versinnbildlicht in dem Widerstandskreis um Graf Schenk von Stauffenberg und Helmut James von Moltke mit dem System und suchte die eigene Legitimität ebenfalls in der Berufung auf den ehemaligen Reichskanzler Otto von Bismarck zu begründen, indem sie ihn dem nun als Verbrecher an der deutschen Nation dargestellten „Führer" entgegenstellten.[19] Im Angesicht der drohenden Kriegsniederlage wurde sich dabei aber nicht mehr der nationalistischen Parolen militärischer Stärke und der politischen Hegemonie sowie der territorialen Expansion bedient, sondern das Leitbild der christlich-humanistischen Gesittung wieder aus der Versenkung gehoben[20] und mit der als maßhaltend empfundenen Staatspolitik Bismarcks verknüpft. Es war das Verdienst der USA diese Kontinuität im mythologischen Glauben von Beginn an durchschaut und einem neuen deutschen Staat solange nicht die Existenz bzw. auch danach nicht die volle Souveränität gewährt zu haben, bis deutlich wurde, dass dessen Grundstrukturen soweit gefestigt waren, dass diese erneute mythologische Verklärungen der notwendigen Demokratisierung und geistigen Umerziehung nicht mehr gefährlich werden konnten. Wie groß diese Gefahr war zeigt der Opportunismus unter großen Teilen der deutschen Historikerschaft. Sie versuchte, wenn ihnen denn auf Grund zu großer Verstrickung in den Nationalsozialismus nicht gleich die Lehrerlaubnis entzogen wurde, ebenfalls wieder an den Bismarckmythos anzuknüpfen, nun allerdings in der geläuterten Variante der konservativen Eliten des „20. Juli 1944". Dass das größte Problem, wie Hermann Graml richtig aufgezeigt hat, aber schon darin bestand „[...] den Deutschen klarzumachen, daß der 20. Juli 1944 als ein

---

[18] Vgl.: Hentschel, Volker. Das System der sozialen Sicherung in historischer Sicht 1880-1975, S. 223.

[19] Vgl.: Machtan, Lothar: Bismarck-Kult und deutscher National-Mythos 1890-1940, S. 58 sowie Ueberschär, Gerd R.: Für ein anderes Deutschland. Der deutsche Widerstand gegen den NS-Staat 1933-1945, 2. Aufl., Frankfurt (Main) 2006, S. 187-199.

[20] Vgl.: Graml, Hermann: Massenmord und Militäropposition. Zur jüngsten Diskussion über den Widerstand im Stab der Heeresgruppe Mitte, in: VfZ 1/2006, S. 4.

Lichtblick in der Geschichte der Nation zu verstehen sei [...]" war ebenso richtig, wie die Folgerung, dass dies ein „[...] politischer wie pädagogischer Prozeß (ist), in dessen Zentrum die mühselige Überwindung des nationalsozialistischen Erbes stand [...]".[21] Ebenso verklärend von Graml ist es dann allerdings zwar zu erwähnen, dass vor allem Hans Rothfels in seiner Veröffentlichung zur Widerstandsbewegung den Deutschen eine Rehabilitation ermöglichen wollte, indem er auf die „Gerechten" Deutschen unter der Herrschaft des Hitler-Regimes hinwies, Graml dazu aber nur ebenso kryptisch vermerkte, dass dies zwar auch das [...] in Sünde gefallene Bürgertum und den Adel [...]"[22] einschloss, hier aber auch nicht konkret benennt, dass es sich dabei nicht um irgendein Bürgertum handelt, sondern genau um das Bürgertum, dem Rothfels selbst angehörte. Gerade in diesem Punkt wird durch Graml weiterhin die persönliche Ebene der Aufarbeitung als Endkonsequenz gescheut, die von einem Historiker und besonders von einem deutschen Historiker nach 1945 überschritten werden muss, wenn die Ursachen, Folgen und der Charakter von Politik vor der Zeit der Bundesrepublik aufgezeigt werden sollen. Genau mit diesem Ausweichen vor der bitteren Erkenntnis war gerade bei Rothfels lange Zeit eine entlastende Reinterpretation der nationalsozialistischen Vergangenheit verbunden,[23] die erst infolge der Fischer-Kontroverse ab 1961 sehr langsam und langwierig und wie man an Graml sieht, noch immer nicht von allen Historikern infrage gestellt werden kann. Ein Abweichen vom Bismarckmythos hätte hier nämlich bereits viel früher andere Akteure des Deutschen Kaiserreiches in den Blickpunkt gerückt und damit direkt zu der Frage geführt, welche systemimmanenten Mängel die Demokratisierung des ersten deutschen Nationalstaates verhindert und damit einem so hemmungslosen Nationalismus Vorschub geleistet haben.[24] In diesem Kontext wäre dann auch bereits zu diesem Zeitpunkt der wissenschaftliche Diskurs darüber voll entbrannt, inwieweit schon im Deutschen Kaiserreich erste Ursachen für den

---

[21] Zitiert nach: Graml, Hermann: a.a.O. , S. 7

[22] Zitiert nach: ebd. S. 7

[23] Vgl.: Eckel, Jan: Geschichte als Gegenwartswissenschaft. Eine Skizze zur intellektuellen Biographie von Hans Rothfels, in: Hürter, Johannes / Woller, Hans (Hrsg.): Hans Rothfels und die deutsche Zeitgeschichte, München 2005, S. 37.

[24] Mit dezidiertem Blick auf die entscheidenden Akteure nahm dann Wolfgang Mommsen ausführlich Stellung. Vgl. dazu: Mommsen Wolfgang: Der Topos vom unvermeidlichen Krieg: Außenpolitik und öffentliche Meinung im Deutschen Reich im letzten Jahrzehnt vor 1914, in: Ders. (Hrsg.): Der autoritäre Nationalstaat. Verfassung, Gesellschaft und Kultur im deutschen Kaiserreich, Frankfurt (Main) 1990. S. 380 – 406.

antisemitischen, rassistischen, biologistischen und imperialistischen Kulturbruch des Nationalsozialismus zu suchen sind.[25] Spätestens bei der Frage nach Kontinuitätslinien auf der Akteursebene wären damit auch die deutschen Historiker schon frühzeitig selbst in den Blickpunkt geraten. Als Folge hätte dies an einigen der namhaftesten deutschen Universitäten die Axt an deren historische Lehrstühle gelegt, da wie später offensichtlich wurde, eine Vielzahl der Inhaber den Nationalsozialismus nicht nur tolerierte, sondern auch aktiv gefördert und ideologisch untermauert hat.[26] Damit wäre das Kratzen am glänzenden Bismarckbildnis faktisch dem Sägen am eigenen Ast gleichgekommen. Darüber hinaus war aber auch unabhängig vom fehlenden „Wollen", für einen Großteil der noch immer national-konservativen Historikerschaft schon ideologisch und rein auf Grund des während der NS-Zeit entwickelten Politik- und Gesellschaftsverständnisses sowie der damit zugrunde gelegten Wertmaßstäbe überhaupt nicht an eine kritische Betrachtung Bismarcks zu denken. Vielmehr trat das ganze Gegenteil ein. Infolge der Ablehnung der pluralistischen Demokratie, wurde Bismarck der einzig mögliche Bezugspunkt und damit „Heilsbringer" mit nationaler Identitätsmöglichkeit. Den Beginn der ebenso weichwaschend als „Katastrophe" bezeichneten jüngeren Vergangenheit stellte in dieser Perspektive dann auch erst der Bruch des nun als unwürdig und maßlos erachteten Kaiser Wilhelm II. mit dem als sakrosankt gezeichneten Bismarck dar.[27] „Katastrophe" schloss darüber hinaus auch nicht die deutschen Großmachtfantasien und den Ersten Weltkrieg allgemein ein, sondern beschrieb verklärend einen als von Beginn an chancenlos gezeichneten und von der machtlosen Weimarer Republik verursachten Direktweg in die Vernichtung des europäischen Judentums.[28] Die unvorstellbaren Kriegsverbrechen wurden dabei noch nicht einmal berücksichtigt und wie das „Hineinschlittern" in den Ersten Weltkrieg, so wurde im Hinblick auf die eigene Verantwortung dieser scheinbare Direktweg

---

[25] Vgl.: Herbert, Ulrich: Der „Historikerstreit" und das bundesrepublikanische Selbstverständnis, in: Kronenberg, Volker: Zeitgeschichte, Wissenschaft und Politik. Der „Historikerstreit" – 20 Jahre danach, Wiesbaden 2008, S. 92-108.
[26] Ich beziehe mich hier auf Haar, Ingo: Historiker im Nationalsozialismus. Deutsche Geschichtswissenschaft und der „Volkstumskampf" im Osten, 2. Aufl., Göttingen 2002.
[27] So z.B. bei Gerhard Ritter. Beispielhaft dafür: Ritter, Gerhard: Das Bismarckproblem, in: Gall, Lothar (Hrsg.): Das Bismarck-Problem in der Geschichte nach 1945, Köln/ Berlin 1971, S. 125.
[28] Vgl.: Berg, Nicolas: Der Holocaust und die westdeutschen Historiker. Erforschung und Erinnerung, 3. Aufl. Göttingen 2004, S. 64-68.

selbstredend als passiv-deskriptiv beschrieben und wollte meiner Meinung nach schon auf Grund des eigenen biographischen Hintergrundes nicht ansatzweise in seiner akteurspezifischen Dimension erfasst werden. An Sinnbildlichkeit nicht zu überbieten ist eben gerade das Beispiel Hans Rothfels, der, wie neuere Forschungen belegen, 1932 bei der Reichspräsidentenwahl im zweiten Wahlgang selbst als Jude für Adolf Hitler gestimmt hat.[29] Rothfels, welcher durch intensive Quellenstudien und deren Veröffentlichung zum Thema Bismarck vor dem Zweiten Weltkrieg als ausgewiesener Experte zu diesem Bereich anerkannt war, legte bereits 1927 mit der Schrift „Theodor Lohmann und die Kampfjahre der staatlichen Sozialpolitik" eine noch heute wichtige Veröffentlichung für ein diversifiziertes Bild der Akteure der Sozialgesetzgebung des Deutschen Kaiserreiches vor. Diese war allerdings eine Auftragsarbeit der Familie Lohmann und ursprünglich nur als Vorarbeit zu einer umfassenden Veröffentlichung zu Otto von Bismarck gedacht[30]. Sie brachte ungewollt den Sockel der Bismarckstatue ins Wanken. Dass diese umfassende Publikation zu Bismarck dann nie erschien, hatte meiner Ansicht nach aber entgegen der Darstellung Jan Eckels in seiner Rothfels-Biografie mitnichten nur zeitliche Gründe. Infolge einer von Eckels selbst beschriebenen Beschränkung auf ideologisch geprägte Themen während des Nationalsozialismus, die schon allein ein Spiegelbild des geistig-politischen Klimas innerhalb der deutschen Historikerschaft seit Anfang der dreißiger Jahre darstellten,[31] vollzog sich aus den aufgezeigten Gründen eine schier nicht für möglich gehaltene Uminterpretation der Bedeutung Otto von Bismarcks. Bei Rothfels findet diese ihren Ursprung in der Ablehnung der Weimarer Republik und einer neuen deutschen Demokratie sowie einer Befürwortung der konservativen „Sonderwegthese" als Alternative zum westlich-demokratischen Weg in die Moderne.[32] Ein Anknüpfen an die relativ fortschrittliche und auf Erkenntnis von strukturellen Zusammenhängen und Defiziten abzielende Schrift von 1927

[29] Vgl.: Ullrich, Volker: Die deutsche Frage ist gelöst. Ein Gespräch mit dem Historiker Heinrich August Winkler zu seinem 70. Geburtstag, in: http://www.zeit.de/2008/52/KA-Mittelst-ck52-Winkler, (19.12.2011).
[30] Eckel, Jan: Hans Rothfels. Eine intellektuelle Biographie im 20. Jahrhundert, Göttingen 2005, S. 149.
[31] Vgl.: ebd., S. 28.
[32] Vgl.: Haar, Ingo: Anpassung und Versuchung. Hans Rothfels und der Nationalsozialismus, in: Hürter, Johannes / Woller, Hans (Hrsg.): Hans Rothfels und die deutsche Zeitgeschichte, München 2005, S. 63-82 sowie Mommsen, Wolfgang: Der Geist von 1914: Das Programm eines politischen Sonderwegs der Deutschen in: Ders. (Hrsg.): Der autoritäre Nationalstaat. Verfassung, Gesellschaft und Kultur im deutschen Kaiserreich, Frankfurt (Main) 1990, S. 407 – 421.

wurde damit unmöglich. Sie hätte nach dem Zweiten Weltkrieg das Eingeständnis beinhalten müssen, dass zentrale Ursachen für den Nationalsozialismus im Fehlen einer demokratisch-republikanisch geprägten Bevölkerung und politischen Elitenschicht zu suchen [33] und deren Gründe wiederum schon in der durch Bismarck konstruierten deutschen Reichsverfassung von 1871 zu finden sind.[34] Diese gedankliche Emanzipation hat Rothfels, wenn überhaupt, erst sehr spät gewagt. Er ist damit trotz seiner jüdischen Herkunft und späteren Emigration neben Gerhard Ritter ein zentrales Beispiel, wie sehr sich Teile dieser Historikergeneration frühzeitig an ideologische Argumentationsmuster des Nationalsozialismus anlehnten, von diesen vereinnahmen ließen und nach dessen Zusammenbruch auf dem Fundament eines intellektuellen Scherbenhaufens ihr Heil in einer verklärenden Geschichtskonstruktion, insbesondere im Hinblick auf die Person Otto von Bismarck suchten. Durch eine schleppende Aufarbeitung der Verantwortung von deutschen Historikern während des Nationalsozialismus, wurde die Geschichtsschreibung der Bundesrepublik Deutschland damit bis zu den sechziger Jahren vor allem im Hinblick auf das Deutsche Kaiserreich zu einem Sinnbild der Verdrängung, in dem Auslassungen, Umdeutungen und thematische Einschränkungen zu einem probaten Mittel wurden, um Fragen nach der eigenen Biographie gar nicht erst aufkommen zu lassen.[35] Aus dem Ausland hingegen machte der heute völlig vergessene Erich Eyck bereits im Zeitraum 1941-1944 mit seiner wichtigen Bismarck-Biographie auf sich aufmerksam. Eyck 1937 nach London emigriert, brachte mit einer umfassenden Kritik an der aus seiner Sicht „machiavellistischen" Herrschaftspolitik Bismarcks erstmals einen liberalen Standpunkt in die wissenschaftliche Debatte ein, stieß damit auf breite Kritik der national-konservativen Historiker und wurde nach dem Zweiten Weltkrieg dennoch zu einem Wegweiser für die Neuausrichtung der deutschen Geschichtswissenschaft.[36] In der Bundesrepublik Deutschland setzte dann insbesondere mit dem sozialpolitischen Kurs der Adenauer-

---

[33] Vgl.: Büttner, Ursula: Weimar. Die überforderte Republik 1918-1933, Bonn 2010, S. 498.

[34] Auf den Kompromisscharakter der Reichsverfassung weist Beate Althammer hin. Vgl. dazu: Althammer, Beate: Das Bismarckreich 1971-1890, Paderborn 2009, S. 39-44.

[35] Vgl.: Schulze, Winfried: Der Neubeginn der deutschen Geschichtswissenschaft nach 1945: Einsichten und Absichtserklärungen der Historiker nach der "Katastrophe", in: Ernst Schulin (Hrsg.): Deutsche Geschichtswissenschaft nach dem Zweiten Weltkrieg (1945-1965), München 1989, S. 1-37.

[36] Vgl.: Hildebrand, Klaus: Erich Eyck, in: Wehler, Hans-Ulrich (Hrsg.): Deutsche Historiker, Göttingen 1973, S. 206-227.

Regierung eine Renaissance der historischen Auseinandersetzung mit der Sozialpolitik unter Bismarck ein, die ihre Wurzeln ja nicht zuletzt in der katholischen Soziallehre zur Zeit des Kaiserreiches hatte.[37] Dass aber noch immer kein Platz für wissenschaftliche Störenfriede war, sollte Fritz Fischer, der ebenfalls tiefer in den Nationalsozialismus verstrickt war als lange Zeit bekannt,[38] als erster zur Genüge zu spüren bekommen. Dennoch gab gerade seine Veröffentlichung von „Griff nach der Weltmacht. Die Kriegszielpolitik des kaiserlichen Deutschland von 1914/18" im Jahr 1961 erstmals auch der innenpolitisch orientierten Kaiserreichforschung notwendige Impulse. Mit der Frage nach der Kriegsschuld kam unmittelbar auch ein Interesse daran auf, die innenpolitischen Stabilitätsfaktoren des Deutschen Kaiserreiches genauer zu untersuchen. Damit begann erstmals ein kritischer Diskurs über eine Epoche, die auch für Rothfels oder Ritter noch immer das Referenzbild für ein zukünftiges Deutschland darstellte. An die Publikation Fischers knüpfte dann eine jüngere Historikergeneration an und führte ihre stärker sozialwissenschaftlich geprägten Ansätze ins Feld. Gestützt auf neue und intensivere Quellenstudien, stärkere empirische Fundierung und Neuinterpretation schon bekannter Quellen, stellte sie sich gegen die noch immer zu oft verklärende national-konservative Geschichtsschreibung. Neben Zäsuren traten Kontinuitäten; aus dem Schatten der großen Männer, die bis dato Geschichte „machten", traten die vielen weiteren Akteure hervor. Als im Zuge des „Historikerstreits" von der jüngeren Historikergeneration auch die Frage nach den sozialen Wurzeln des Nationalsozialismus zum Teil schon im Kaiserreich verortet wurden,[39] standen Bismarck und die Sozialgesetzgebung bereits im Zentrum überwiegend sozialgeschichtlicher Publikationen. Das 100-jährige Jubiläum der Kaiserlichen Botschaft vom 17. November 1881, veranlasste eine umfangreiche Quellenrecherche und eine entsprechende Flut

---

[37] Zur Kontinuität und Diskontinuität der Sozialreform nach 1945 vgl. Hockerts, Hans Günter: Ausblick: Bürgerliche Sozialreform nach 1945, in: vom Bruch, Rüdiger (Hrsg.): Bürgerliche Sozialreform in Deutschland vom Vormärz bis zur Ära Adenauer, München 1985, S. 145 – 273.

[38] Vgl. Klaus Große Kracht: Fritz Fischer und der deutsche Protestantismus, in: Zeitschrift für Neuere Theologiegeschichte (Journal fort the History of Modern Theology), Bd. 10, 2/2003, S. 224-252.

[39] Vgl.: Geiss, Imanuel: Nationalismus als Problem deutscher Geschichtswissenschaft nach 1945, in: Elvert, Jürgen / Krauß, Susanne (Hrsg.): Historische Debatten und Kontroversen im 19. und 20. Jahrhundert, Wiesbaden 2003, S. 116-123.

an Publikationen und Tagungen zum Thema. [40] Begünstigt wurde die wissenschaftliche Hinwendung zur Sozialpolitik des Deutschen Kaiserreichs dabei auch durch zwei weitere Prozesse. Da der Sozialstaat offensichtlich an seine Leistungs- und Finanzierungsgrenzen zu stoßen begann, wurde er westlich der Elbe seit Ende der 1970iger Jahre mittlerweile breit diskutiert. Östlich der Elbe wurden zudem im Zuge der Entspannungspolitik und dann auf Grund der immer größeren finanziellen Abhängigkeit der DDR von der Bundesrepublik Deutschland, zunehmend auch Einblicke in die Archivbestände gestattet, in denen nicht nur die Privatkorrespondenz von Theodor Lohmann lagerte, sondern sich generell ein Großteil der Quellennachlässe zur Geschichte Preußens sowie des Deutschen Kaiserreiches befand, so insbesondere in Potsdam, Merseburg, Halle und Magdeburg. Allerdings war auch die DDR selbst kein blinder Forschungsfleck was Arbeiten zum Deutschen Kaiserreich und zur Person Otto von Bismarcks betraf. Stellte aus der Perspektive des historischen Materialismus in Deutschland das Kaiserreich doch geradezu die Grundbedingung für den Klassenkampf von Bourgeoisie und Proletariat und damit die Voraussetzung der „letzten" Revolution zur Verwirklichung des Kommunismus insgesamt dar.[41] Als Beispiel soll hier nur die detaillierte und noch immer lesenswerte Bismarck-Biographie von Ernst Engelberg aus dem Jahr 1985 angeführt werden. [42] Die Möglichkeit ihrer Veröffentlichung ist gleichzeitig auch ein Beispiel dafür, wie sehr die DDR-Führung durch die Annäherung an die Bundesrepublik gezwungen war, ihren immer obsoleter werdenden Gründungsmythos durch Anknüpfung an einen deutschen Nationalmythos zu ergänzen bzw. zu ersetzen. Dass auch sie dabei um eine Instrumentalisierung Bismarcks und damit um den zeitgenössisch ja

---

[40] Vgl.: Tennstedt, Florian: Hundert Jahre Sozialversicherung in Deutschland. Jubiläumsaktivitäten und Forschungsergebnisse, in: Archiv für Sozialgeschichte, Bd. 21/1981, S 554-564.

[41] Da die jeweiligen Konjunkturen in der DDR-Geschichtsschreibung stark von der politischen „Wetterlage" beeinflusst wurden, müssen sie zwingend auch unter Berücksichtigung der damit verbundenen politischen Zielstellungen und somit im jeweiligen tagespolitischen Kontext analysiert werden. Dies würde den Rahmen dieser Arbeit sprengen, wird der Vollständigkeit halber aber erwähnt. Einen exzellenten Überblick dazu bietet z.B. der Aufsatz: Kocka, Jürgen: Zur jüngeren marxistischen Sozialgeschichte. Eine kritische Analyse unter besonderer Berücksichtigung sozialgeschichtlicher Ansätze in der DDR, in: Fischer, Alexander / Heydemann, Günther (Hrsg.): Geschichtswissenschaft in der DDR, Bd. I, Berlin 1988, S. 395-422. Auch hier ist allerdings der oft konservative und/oder liberale politische Standpunkt weiterer Autoren des Bandes zu berücksichtigen und sollte insbesondere im Hinblick auf die jeweilige wissenschaftliche Positionierung zur DDR auch hinterfragt werden.

[42] Vgl. dazu: Engelberg, Ernst: Bismarck, Bd. 1-2, Berlin 1985 und zur Auseinandersetzung mit dieser, die weniger bekannte Dissertation von Kühn, Ulrich: Der Grundgedanke der Politik Bismarcks, Döttelbach 2001, S. 73.

ausgerechnet als „Schmied der Einheit" dargestellten Reichskanzler nicht herum kam, zeigt einerseits die absurden und paradoxen Züge, die Geschichtsdeutung zum Teil annehmen kann, andererseits aber auch die Notwendigkeit diese in einer entsprechenden Analyse zu berücksichtigen und kenntlich zu machen. Mit der Deutschen Einheit wurde dann auch schon kurze Zeit später Bismarck als Referenz für Helmut Kohl instrumentalisiert[43] und damit verdrängt, dass beide eigentlich vielmehr dadurch verbunden waren, dass sie jeweils eine völlig heterogene Gesellschaftsschicht von Arbeiter/innen, die bis dato zwar einer Nation aber kulturell unterschiedlich geprägten Staaten angehörten, in ein relativ homogenes Staatsgefüge (sozial) integrieren mussten. Und obwohl diese Parallele meist nicht beachtet wird, hat die Forschung zum Thema Ursprung der Sozialgesetzgebung in Deutschland nicht zuletzt durch die Deutsche Einheit und den freien Zugang zu allen wichtigen Archiven deutlich an Fahrt aufgenommen. Verdeutlicht wird dies besonders in der aus (sozial)geschichtlicher Perspektive einmaligen Quelleedition „Quellensammlung zur Geschichte der deutschen Sozialpolitik 1867-1914", welche durch die „Mainzer Akademie der Wissenschaften und der Literatur" herausgegeben wird. Von den insgesamt 4 Abteilungen mit insgesamt 33 Bänden und einem vorangestellten Einführungsband (bis jetzt sind mit letzterem 28 erschienen), konnte (bis auf 3 Bände und deren Beihefte), der überwiegende Teil der Edition erst nach der Deutschen Einheit publiziert werden. [44] Damit wurde ein exzellentes Quellenfundament aus dem vorherrschenden föderalen Archivchaos der Bundesrepublik Deutschland im Bereich historische Aufarbeitung der Sozialgesetzgebung geschaffen, welches nicht hochgenug bewertet werden kann. Da als Herausgeber oder Mitarbeiter nur die profundesten Wissenschaftler zum historischen Gesamtkomplex bzw. zu den zahlreichen Spezialbereichen des Deutschen Kaiserreiches beteiligt waren und noch immer sind, spiegelt die Edition auch den wissenschaftlich Stand in Gänze wider und ist damit für Publikationen zum Thema unverzichtbar. Die Wissenschaftler selbst standen und stehen auch mit Ihren unzähligen weiteren Veröffentlichungen für eine Geschichtsschreibung, die sich nicht an Mythen sondern an der Empirie sowie einer kritischen Auseinandersetzung mit

---

[43] Vgl.: Machtan, Lothar: Einführung, S. 12.
[44] Vgl.: Ohne Verfasser: http://www.uni-kassel.de/projekte/quellensammlung/informationen.html, (23.01.2012).

selbiger orientiert. Zu nennen sind an dieser Stelle daher Peter Rassow, Karl Erich Born, Hansjoachim Henning, Gabriele Ilg, Wolfgang Ayaß, Florian Tennstedt, Klaus Tenfelde, Heidi Winter, Dieter Lindenlaub und weitere Beteiligte mehr. Als unverzichtbar für eine intensive Auseinandersetzung mit der Sozialgesetzgebung sowie deren Akteure und Rahmenbedingungen im Deutschen Kaiserreich gelten in loser Reihenfolge zudem auch die Veröffentlichungen von Hans Rothfels (mit kritischem Blick auf dessen Biographie), Hans-Ulrich Wehler, Heinrich-August Winkler, Hans-Peter Ullmann, Volker Hentschel, Helga Grebing, Jürgen Kocka, Gerhard A. Ritter, Wolfgang Mommsen, Lothar Gall, Lothar Machtan, Renate Zitt, Rüdiger vom Bruch sowie die Dissertation von Monika Breger und die neuen Überblicksdarstellungen von Eckart Reidegeld und Beate Althammer. Dazu musst zwingend eine der Werksausgaben zu Otto von Bismarck herangezogen und der wissenschaftliche Diskurs in den Fachzeitschriften, hier vor allem in der Historischen Zeitschrift, dem Archiv für Sozialgeschichte und der Zeitschrift für Soziale Reform über mehr als vier Jahrzehnte zumindest zur Kenntnis genommen werden.

3. Sozialpolitik als Herrschaftspolitik - Historische Wurzeln der staatlichen Sozialpolitik im Deutschen Kaiserreich

Eine Analyse der staatlichen Sozialpolitik im Deutschen Kaiserreich wäre von Anbeginn zum Scheitern verurteilt, wenn man sich dabei nur an den naheliegenden Zäsuren der Reichsgründung, der Kaiserlichen Botschaft sowie der Inkraftsetzung der einzelnen Gesetze orientieren würde. Man hätte damit zwar einen überschaubaren zeitlichen Rahmen abgegrenzt, könnte aber in keinem Fall die vielfach vorhandenen Pfadabhängigkeiten sowie die personellen und ideengeschichtlichen Kontinuitäten und Diskontinuitäten nachzeichnen. Vielfach resultierte gerade aus diesem zeitlich zu kurz gefassten Blick eine einseitige Fehlwahrnehmung, die zusätzlich noch einmal dadurch verzerrt wurde, dass man beim Thema Sozialgesetzgebung im Deutschen Kaiserreich oft auch in der deutschen Geschichtswissenschaft den gesellschaftlichen und politischen Maßstab einer liberal-demokratischen und parlamentarischen Demokratie auf einen Staat angelegt hat, der seit 1871 zwar ebenfalls eine Verfassung und ein Parlament mit Parteien besaß, den man aber parallel und das zu Recht als nur relativ demokratisch und politisch antiliberal beschrieb.[45] Es ist daher unumgänglich die Sozialgesetzgebung zu allererst allein im Kontext ihrer eigenen Entstehungsgeschichte zu betrachten. Dabei kommt es auch besonders darauf an inhaltliche und personelle Kontinuitäten nicht zu vernachlässigen. Wilhelm I. blieb auch als Kaiser des neugegründeten Verfassungsstaates immer noch der „Kartätschenprinz", der 1849 als Kommandeur des Gardekorps, die preußischen Truppen gegen die Reichsverfassungskampagne in die Pfalz und nach Baden führte und dem während des preußischen Verfassungskonfliktes die Heeresreform immer auch als Revolutionsabwehr galt.[46] Damit ist auch nicht nur die inhaltliche Dimension der Sozialgesetzgebung in die Urteilsfindung einzubeziehen, sondern ganz besonders auch das zu untersuchen, was Charles de Montesquieu den „Geist der Gesetze" nannte. Hierfür ist vor allem der jeweilige ideengeschichtliche Kontext zu berücksichtigen ohne den man Gefahr laufen würde, Geschichte ex post zu konstruieren, weil man unterschiedliche Bedeutungsinhalte scheinbar gleicher Begriffe nicht erkennt. Wie am Beispiel der Bismarckbiographie Lothar Galls im nächsten Punkt aufgezeigt werden soll, macht es einen gewichtigen und nicht zu vernachlässigenden Unterschied ob es Karl Marx ist, der über Revolution spricht oder Otto von Bismarck. Für die Sozialgesetzgebung ist es daher an erster Stelle unerlässlich auf Lorenz von Stein, den wichtigsten Vordenker der staatlichen Sozialreform in Preußen näher einzugehen, da sich wie aufgezeigt werden soll, Hermann Wagener und Theodor Lohmann eng an seinen theoretischen Ausführungen orientierten. Im Hinblick auf die wissenschaftliche Bedeutung seines Werkes in Deutschland, darf man von Stein als das ansehen, was Alexis de Tocqueville in Frankreich war. Ein Analytiker, der lange verkannt wurde, aber seiner Zeit voraus zu sein schien, weil er in einem längeren Auslandsaufenthalt schon erste Folgen von einem Gesellschaftswandel beobachten konnte, der in seinem eigenen Heimatland gerade erst in sein Anfangsstadium einzutreten begann. Wie auch bei Tocqueville bestand die große Leistung aber nicht allein in der Beobachtung, sondern in einer darauf basierenden und historisch fundierten

---

[45] So insbesondere Wehler, Hans-Ulrich: Deutsche Gesellschaftsgeschichte 1849-1914, (Bd. 3), 2. Aufl., München 2006, S. 864.
[46] Vgl.: Siemann, Wolfram: Vom Staatenbund zum Nationalstaat. Deutschland 1806-1871, München 1995, S. 408.

Gesellschaftsanalyse, an die Stein Vorhersagen über den weiteren Verlauf jenes Wandels knüpfte und für die er bis zum Eintreten dieser Vorhersagen überwiegend belächelt wurde. [47] Und auch wenn Stein gänzlich andere politische Konsequenzen als Tocqueville aus seiner Gesellschaftsanalyse zog, so sind die Ähnlichkeiten der Ergebnisse doch verblüffend. So heißt es bei Tocqueville: „Der Adlige sinkt auf der sozialen Stufenleiter, der Bürger steigt auf. Alle fünfzig Jahre sind sie einander näher gekommen, und bald werden sie sich berühren. Diese Entwicklung ist keine Besonderheit Frankreichs. [...] Die stufenweise Entwicklung der Gleichheit der gesellschaftlichen Bedingungen ist also ein von der Vorsehung gewolltes Ereignis, denn sie hat dessen wesentliche Merkmale: sie ist allgemein, sie ist beständig, und sie entzieht sich immer neu der menschlichen Einwirkung; alle Begebenheiten und alle Menschen dienen der Entwicklung der Gleichheit."[48] Bei von Stein lautet es dann ganz ähnlich: „Und blicken wir nun, von Frankreich ausgehend um uns, so ist es kein Zweifel, daß eben dieselbe Ordnung der Gesellschaft bereits in Folge der großen Erschütterungen der ersten Revolution, auch im übrigen Europa Platz gegriffen. Allenthalben war eine Industrie entstanden, die neben den Resten des feudalen Wesens immer mehr Raum gewann. Allenthalben hatte sie der Mehrheit der Völker die großen Bedürfnisse der Freiheit und Gleichheit gelehrt, die das Wesen jeder volkswirthschaftlichen Gesellschaft bilden."[49] Gleichzeitig erlebte von Stein während eines langen Aufenthaltes in Paris auch die zunehmende Spaltung der Gesellschaft in „Besitzende und Nichtbesitzende", die für Ihn ein zentrales Merkmal der Industriegesellschaft darstellte. Im Gegensatz zu Tocqueville sah er aber die Lösung der Sozialen Frage in einer anderen Staatsform. Zwar übernahm er dabei aus Frankreich den Begriff der „sozialen Demokratie", verband diese aber mit einem über den Klassen stehenden „Königthum der gesellschaftlichen Reform" bzw. der „sozialen Reform".[50] Wie sehr er damit insbesondere bei sozialkonservativen Kreisen Gehör fand, wird daran erkenntlich, dass Herman Wagener bereits

---

[47] Vgl.: Blasius, Dirk: Lorenz von Stein, in: Wehler, Hans-Ulrich: Deutsche Historiker, Göttingen 1973, S. 25.

[48] Zitiert nach: de Tocqueville, Alexis: Über die Demokratie in Amerika, Stuttgart 1985 (zuerst 1835), S. 19.

[49] Zitiert nach: von Stein, Lorenz: Geschichte der sozialen Bewegung in Frankreich. Von 1789 bis in unsere Tage, Bd. 2, Leipzig 1850, S. 9.

[50] Vgl.: Ritter, Gerhard A.: Der Sozialstaat. Entstehung und Entwicklung im internationalen Vergleich, München 2010, S. 70 -71.

1855 in seinem Programmentwurf für die konservative Partei Steins wichtigste Formulierung direkt übernahm. Hier hieß es, das Königtum: „[...] werde fortan entweder ein leerer Schatten oder eine Despotie werden oder untergehen in Republik, wenn es nicht den hohen sittlichen Muth hat, ein Königthum der socialen Reform zu werden."[51] Dass Lorenz von Stein und sein einflussreiches Konzept in Deutschland völlig in Vergessenheit geraten sind und erst im Zuge der sich wandelnden Forschung zum Deutschen Kaiserreich „wiederentdeckt" wurden, zeigt meiner Ansicht nach, dass die konservative Diplomatie- und Staatsgeschichtsschreibung oft noch nicht einmal bereit war wenigstens an der historischen Oberfläche zu kratzen, denn sonst wäre sie neben dieser wichtigen ideengeschichtlichen Kontinuität auch auf eine lange Tradition staatlicher Eingriffe und Regulierungsmaßnahmen in Preußen gestoßen, die nicht erst mit Bismarck einsetzten. Im Hinblick auf die Wirtschaft sind dafür die Abschaffung der Leibeigenschaft 1777, das Oktoberedikt von 1807, das „Regulierungsedikt" 1811 und das „Gewerbesteueredikt" von 1810 als Beispiele zu nennen. Zudem bestand seit 1811 auch bei der Ausbildung von Lehrlingen und Gesellen keine Beschränkung mehr. Damit wurde schon zu dieser Zeit tief in das Gewerberecht eingegriffen und mit dem Deutschen Zollverein 1834 erstmals die Grundlage für einen einheitlichen Wirtschaftsraum gelegt, für den 1861 die Vorlage einer „Allgemeinen Deutschen Gewerbeordnung" sowie eines „Allgemeinen Deutschen Handelsgesetzbuches" ausgearbeitet wurden. Mit der Gründung des Norddeutschen Bundes 1867 glichen die Bundesstaaten ihre Gesetzgebung in den Bereichen Gewerbe, Verkehr, Handel, Zollwesen, Maße, Gewichte, Münzwesen, Post- und Telegraphenwesen, Eisenbahn und Schifffahrt an. Darüber hinaus waren die Staaten selbst zunehmend wirtschaftlich aktiv. Vor allem im Eisenbahnbau und im Bergbau behielt z.B. Preußen bis zum „Miteigentümergesetz" 1851 bzw. bis zum „Allgemeinen Berggesetz" 1865 die Kontrolle.[52] Mit der Gewerbeordnung 1869 und dem „Allgemeine Deutsche[n] Handelsgesetzbuch", erhielt der Norddeutsche Bund dann eine liberale Grundstruktur und verwirklichte das Recht auf Freizügigkeit und

---

[51] Zitiert nach: Kraus, Hans-Christof: Hermann Wagener (1815-1889), in: Heidenreich, Bernd (Hrsg.): Politische Theorie des 19. Jahrhunderts, 2. neu bearb. Aufl., Wiesbaden 1999/2000, S. 546.
[52] Vgl.: Jaeger, Hans: Wirtschaftsordnung in Deutschland, Frankfurt (Main) 1988, S. 52-72 sowie Erdmann, Gerhard: Quellensammlung zur Kulturgeschichte. Die Entwicklung der deutschen Sozialgesetzgebung, 2. erw. Aufl, Göttingen 1957, S. 1-4.

Niederlassung.[53] Aber bereits hier war es Preußen, welches die Rolle des Staates bei der Regulierung am stärksten betonte.[54] In sozialer Hinsicht kannte es lange vor dem Deutschen Kaiserreich das Recht des staatlichen Eingriffs in die Gewerbefreiheit, wenngleich das Koalitionsverbot aus dem Preußischen Allgemeinen Landrecht von 1794 bestehen blieb. Ausgangspunkt für die staatlichen Eingriffe waren dabei die dramatischen Folgen der Kinderarbeit, welche die Beratung eines Fabrikschulgesetzes im preußischen Staatsministerium erzwangen. Aus diesen ging dann das „Preußische Regulativ über die Beschäftigung jugendlicher Arbeiter in Fabriken" vom 9. März 1839 hervor, welches u.a. die Arbeitszeit für Kinder im Alter von 9-16 Jahren auf täglich nicht mehr als 10 Stunden gesetzlich beschränkte, ihnen die Nacht-, Sonn- und Feiertagsarbeit untersagte und die Annahme von Kindern unter 9 Jahren für eine regelmäßige Arbeit in Bergwerken, Fabriken, Hütten- und Pochwerken gänzlich verbot. [55] Weitere staatliche Maßnahmen wurden in Preußen dann durch die Allgemeine Gewerbeordnung von 1845 ergriffen. Neben der Aufnahme des Koalitionsverbotes für Gesellen, als Reaktion auf den schlesischen Weberaufstand, erhielt die Ortspolizei die Aufgabe darauf zu achten, ob in den Fabriken die gesetzlichen Vorschriften für Gesellen und Lehrlinge im Hinblick auf Gesundheit, Sittlichkeit und Teilnahme an Schul- und Religionsunterricht auch eingehalten wurden. 1849 wurde die Gewerbeordnung dann um fakultative und paritätisch besetzte Gewerberäte erweitert, die die tägliche Arbeitszeit für die einzelnen Fabrik- und Handwerkszweige festzusetzen hatten. Zudem wurde das Trucksystem verboten. Damit wurde gleichzeitig die Entlohnung der Arbeiter durch Bargeld verpflichtend. 1853 wurde das Regulativ zum Kinderschutz von 1839 verbessert, wobei Kindern unter dem 12. Lebensjahr die Fabrikarbeit gänzlich untersagt und für Kinder im Alter von unter 14 Jahren auf 6 Stunden begrenzt wurde. Für Sie bestand ab diesem Zeitpunkt auch eine tägliche, dreistündige Schulpflicht. Bei den Untersechzehnjährigen wurde die Arbeitszeit auf 10 Stunden täglich begrenzt und mit der Etablierung der Fabrikinspektoren eine erste, wenn auch auf Grund der geringen Zahl und fehlenden Sanktionsrechte, wirkungslose

---

[53] Vgl.: Wehler, Hans-Ulrich: Deutsche Gesellschaftsgeschichte 1849-1914, S. 133.
[54] Vgl.: Jaeger, Hans: a.a.O., S. 81 f.
[55] Vgl.: Preußisches Regulativ über die Beschäftigung jugendlicher Arbeiter in Fabriken vom 9. März 1839, abgedruckt in: Erdmann, Gerhard: Quellensammlung zur Kulturgeschichte, S. 148-149.

Kontrollinstanz eingeführt. Ein entscheidender Fortschritt konnte aber im Norddeutschen Bund mit der grundsätzlichen Anerkennung der Freiheit des Arbeitsvertrages erzielt werden, weil damit zumindest theoretisch ein Koalitionsrecht und ein eingeschränktes Streikrecht verbunden waren. [56] Insgesamt bestand damit in Preußen bereits vor der Gründung des Deutschen Kaiserreiches eine umfassende Tradition staatlicher Eingriffsrechte in den sozio-ökonomischen Bereich, die dann mit der Gewerbeordnung des Norddeutschen Bundes und deren Übernahme durch das Deutsche Kaiserreich von Bismarck aktiv fortgeführt wurde.[57] Der Frage, welche Intentionen Bismarck dabei geleitet haben, soll im nächsten Punkt nachgegangen werden.

4. Ursprung und Intention sozialpolitischer Intervention unter Otto von Bismarck

4.1. Historische Kontexte der sozialpolitischen Intervention im Deutschen Kaiserreich

Um die Sozialgesetzgebung im Deutschen Kaiserreich beurteilen zu können, ist es meiner Ansicht nach unerlässlich Sie auch in ihren jeweiligen historischen Kontext einzuordnen. Im Hinblick auf den Umfang dieser Arbeit soll dies an ausgewählten Beispielen erfolgen, wobei ich mit dem preußischen Verfassungskonflikt beginnen möchte. Obwohl der Verfassungskonflikt faktisch mit dem Indemnitätsgesetz von 1866 beendet war, wirkten die Folgen der Auseinandersetzung zwischen der Deutschen Fortschrittspartei und der preußischen Krone, in welcher unter dem Deckmantel der Heeresreform hauptsächlich der Konflikt um die Systemfrage eines zukünftigen deutschen Einheitsstaates ausgefochten wurde, entscheidend nach.[58] Die Art der durch Bismarck forcierten Entscheidung zugunsten der Monarchie und zulasten umfassender parlamentarischer Bestrebungen,[59] kann neben der Verfassung des späteren Kaiserreiches als ein entscheidender Grund für die Problematik

---

[56] Vgl.: Tennstedt, Florian: Sozialgeschichte der Sozialpolitik in Deutschland. Vom 18. Jahrhundert bis zum Ersten Weltkrieg, Göttingen 1981, S. 105-110.

[57] Vgl.: Hefter, Heinrich: Bismarcks Sozialpolitik, in: Archiv für Sozialgeschichte, Bd. 3/1963, S-145-146.

[58] Vgl.: Winkler, Heinrich August: Der lange Weg nach Westen. Deutsche Geschichte 1806-1933, (Bd. 1), Bonn 2002, S. 186-192.

[59] Vgl.: ebd. S. 193.

gelten gemacht werden, warum die Abgeordneten des Reichstages später zu keiner Zeit den Machtkampf mit dem Reichskanzler bzw. dem Kaiser suchten. Ein bedeutender Anteil der Reichstagsmitglieder hatte diesen Machtkampf bereits vor der Gründung des Kaiserreiches verloren und dürfte zu einem nicht unbedeutenden Teil damit zufrieden gewesen sein, dass es überhaupt zu einem Einheitsstaat mit einer Volksvertretung kam. Zudem gingen die Parlamentsrechte des Kaiserreiches bei allen Defiziten ja meist dennoch über das hinaus, was die Abgeordneten in ihren Einzelstaaten bisher zugestanden bekommen haben. Gleichzeitig trat infolge der dennoch beachtlichen Parlamentsdefizite allerdings genau das ein, was Max Weber dann 1917 am Beispiel der Ämterpatronage als das Erbe Bismarcks kritisierte: „[…] man mache das Parlament zu einer Stätte für das Getriebe von Strebern und Stellenjägern, ohne ihm aber politischen Einfluß einzuräumen, und also ohne für Führernaturen, - die ja nicht Pfründe, Rang, Gehalt sondern etwas ganz anderes: Macht und politische Verantwortung erstreben, - ihm Raum zu schaffen."[60] Wurde Weber dadurch immer wieder auch in der Wissenschaft ein bewusstes Streben nach einem diktatorischen Führer angedichtet, so widerlegt ein Blick auf die bei ihm damit zwangsweise verbundenen Begriffe von Politik und Verantwortung nicht nur diesen zu weit zielenden Vorwurf, sondern zeigt sogar noch einmal ganz konkret das Dilemma der Reichstagsabgeordneten auf. Politik wurde durch Weber als Streben nach Machtanteile oder nach Beeinflussung der Machtverteilung definiert,[61] wobei Macht von ihm als jede Chance bestimmt wurde, innerhalb einer sozialen Beziehung den eigenen Willen auch gegen Widerstreben durchsetzen zu können, gleichviel worauf diese Chance beruht.[62] Begrenzt sah er diese Macht im Idealfall an erster Stelle durch eine praktische Verantwortungsethik, welche durch Verbindung mit einer Gesinnungsethik den Politiker zu einem Politiker mit Überzeugungen machte.[63] Grundsätzlich war Politik dabei auch auf dem „Markt des Lebens" zu betreiben, wo die Andersdenkenden gerade nicht zum Schweigen verurteilt waren.[64]

---

[60] Zitiert nach: Weber, Max: Bismarcks Erbe in der Reichsverfassung, in: Winkelmann, Johannes (Hrsg.): Max Weber. Gesammelte Politische Schriften, 5. Aufl., Tübingen 1988, S. 242.

[61] Vgl.: Weber, Max: Politik als Beruf, in: Kaesler, Dirk (Hrsg.): Max Weber. Schriften 1894-1922, Stuttgart 2002, S. 513.

[62] Vgl.: Weber, Max: Wirtschaft und Gesellschaft, Paderborn o.J., S. 62.

[63] Vgl.: Weber, Max: Politik als Beruf, S. 553-554.

[64] Vgl.: Weber, Max: Wirtschaft als Beruf, in: Kaesler, Dirk (Hrsg.): Max Weber. Schriften 1894-1922, Stuttgart 2002, S. 504.

Gerade mit Blick auf die Entwicklung der Nationalliberalen seit dem preußischen Verfassungskonflikt stellt er dann ja geradezu resignierend fest: „Der Gegensatz ihrer Verfassungswünsche nach 1866 gegen BISMARCKS Ziele lag in ihren damaligen – nach TREITSCHKES Art – unitarischen Idealen [...] Sie konnten ihre selbstgewählte politische Aufgabe nicht durchführen und zerbrachen, letztlich nicht aus sachlichen Gründen, sondern weil BISMARCK keine wie immer geartete irgendwie selbständige, d.h. nach eigenen Verantwortlichkeiten handelnde Macht neben sich zu dulden vermochte. Nicht innerhalb der Ministerien. [...] Nicht im Parlament; seine ganze Politik ging darauf aus, irgendeine starke und dabei irgendwie selbständige konstitutionelle Partei sich nicht konsolidieren zu lassen.“[65] Das traf in der Tat zu, zog aber dennoch die erste Regierungspartei zu sehr aus der Eigenverantwortung. So hat sie den Kulturkampf und die Sozialistengesetze bereitwillig mitgetragen und sich damit aus eigener Verantwortung von den Zielen des politischen Liberalismus verabschiedet. Denn spätestens hier hätte sich mit einer parlamentarischen Mehrheitskoalition der Machtkampf mit dem Reichskanzler entzünden müssen. Das ist nicht geschehen und die Frage nach den Ursachen ist nicht nur im Politischen, sondern auch im Sozialen zu suchen, denn gerade die Nationalliberalen fügten sich nach 1866 in die neue Hierarchie ein.[66] Paradox ist hierbei, dass sie dann gerade durch ihre traditionelle Abneigung gegen staatspolitische Interventionen im sozialpolitischen Bereich genau jenen Mann stützten, der Ihnen die vollen Parlamentsrechte vorenthielt. Wie sollte sich daher ausgerechnet eine so gezähmte Regierungspartei durch die Lösung der Sozialen Frage vom Reichskanzler emanzipieren, wenn sie deren gesamte Dimension nicht ansatzweise erkannte und die notwendige Konfliktbereitschaft der Zufriedenheit über die eigene Regierungsbeteiligung opferte? Oder um es mit der unnachahmlichen Fähigkeit Theodor Lohmanns zur Zuspitzung komplexer Sachverhalte zu sagen: „Nur die nationalliberalen reinsten Wassers, wie Herr Lasker, schwimmen in höchster Vertrauensseligkeit auf dem tobenden Gewässern, haben keine Gedanken, daß sie auch mal eines guten Tages in irgendeinem Strudeltrichter verschwinden könnten, sondern sind der guten

---

[65] Zitiert nach: Weber, Max: Die Erbschaft Bismarcks, in: Winkelmann, Johannes (Hrsg.): Max Weber. Gesammelte Politische Schriften, 5. Aufl., Tübingen 1988, S. 315-316.
[66] Vgl.: Schmidt, Gustav: Die Nationalliberalen – eine regierungsfähige Partei? Zur Problematik der inneren Reichsgründung 1870-1878, in: Ritter, Gerhard A. (Hrsg.): Die deutschen Parteien vor 1918, Gütersloh 1973, S. 208-223.

Zuversicht: nur immer weiter gerührt, schließlich wird das Wasser von selbst wieder klar, und spiegelt uns unser Angesicht strahlend vor Wohlgefallen darüber, daß wir es so herrlich weit gebracht."[67] Nach dem preußischen Verfassungskonflikt und dem Eindampfen der liberalen Bestrebungen wurde insbesondere das Zentrum Ziel der Angriffe Bismarcks. Als Auftakt des von dem fortschrittsliberalen Rudolf Virchow geprägten Begriff „Kulturkampf"[68] und der von Bismarck vehement betriebenen Trennung von Staat und Kirche sowie der damit angestrebten Zurückweisung jeglicher katholischer Einflüsse auf die Politik im Deutschen Kaiserreich, gilt die Unterstellung der Volksschulen unter Aufsicht des Staates sowie die Abschaffung der katholischen Abteilung des preußischen Kultusministeriums als Reaktion auf die zu polenfreundliche Schulpolitik in den polnischen Teilen Preußens.[69] Anlässlich der Kritik des legendären Zentrumpolitikers Ludwig Windthorst, der sich auch im Reichstag zu einem der größten Widersacher Bismarcks entwickelte, sah sich letzterer genötigt das Wort zu ergreifen, um in der Debatte des Preußischen Abgeordnetenhauses vom 30. Januar 1872 den innenpolitischen Vormachtanspruch des Staates deutlich herauszustellen: „Ich kann außerdem nicht leugnen [...] daß die Richtung dieser katholischen Abteilung degeneriert hatte. Sie wurde ursprünglich geschaffen, um Beamte des Staates zu haben, welchen vorzugsweise der Beruf anheim viel, die Rechte des Staates in Bezug auf die katholische Kirche auszuüben und zu vertreten [...]. Sie hatte aber schließlich den Charakter angenommen, daß sie meiner Ansicht nach ausschließlich die Rechte der Kirche innerhalb des Staates und gegen den Staat vertrat."[70] Da Bismarck im Volksschulunterricht die wirksamste Abwehrmöglichkeit gegen jegliche Angriffe auf Staat und Thron sah, hatte der Konflikt um das Schulaufsichtsgesetz vom 11. März 1872 auch im Hinblick auf den Umgang mit der Sozialdemokratie und der Sozialen Frage insgesamt wegweisende Bedeutung. So avancierte die Volksschule in den Augen Bismarcks frühzeitig zur institutionalisierten Bastion gegen antimonarchische

---

[67] Zitiert nach: Lohmann, Theodor: Brief an Ernst Wyneken (15. Dezember 1871), in: Machtan, Lothar (Hrsg.): Mut zur Moral. Aus der privaten Korrespondenz des Gesellschaftsreformers Theodor Lohmann, Bd. 1, Dokument Nr. 197, Bremen 1995, S. 322.

[68] Vgl.: Althammer, Beate: a.a.O., S. 91.

[69] Vgl.: von Bismarck, Otto: Rede in der 23. Sitzung des Preußischen Abgeordneten Hauses (30. Januar 1872), in: Milatz, Alfred (Hrsg.): Otto von Bismarck. Werke in Auswahl. Jahrhundertausgabe zum 23. September 1862 (Bd .5 Erster Teil), Dokument Nr. 90, unveränd. Nachdruck, Darmstadt 2001, S. 152.

[70] Zitiert nach: ebd.

Umtriebe. Nirgendwo ist das Kaiserreich dann aber kläglicher gescheitert, als in dem Versuch insbesondere Arbeiterkinder zu monarchisch gesinnten Untertanen umzuerziehen.[71] Der Konflikt um die Schulaufsicht ist aber noch aus einem weiteren Aspekt wichtig, denn der große Widerstand den Bismarck zwar von den Altkonservativen bei der Gesetzgebung erfuhr und der ihn statt zu einer Kursänderung zu größtem Zorn bewog, versinnbildlichte zugleich sein Machtstreben, gegen das sich zwar Widerstand aber keine mehrheitsfähige Opposition bildete. Nachdem Bismarck seinem Unmut auch im preußischen Herrenhaus Luft gemacht hatte, sprach sogar Gustav von Diest im Auftrag eines großen Teils der konservativen Fraktion des Reichstages bei ihm vor, um ihm deren weitere Unterstützung zu versichern. Nachdem der Reichskanzler von Diest dabei aber erst ins Wort fiel, um dann das Vorstandsmitglied der konservativen Reichstagfraktion Bodelschwingh als Lügner und Fuchs zu bezeichnen, den man, so der Reichskanzler weiter, im Glauben ihn erschossen zu haben um den Hals hängt und dennoch von ihm gebissen würde, ließ er sich danach die Abstimmungsliste des Herrenhauses zu den Kirchengesetzen bringen, um im Beisein des Anwesenden hinter jedem Konservativen, der gegen die Kirchengesetze gestimmt hat einen bitterbösen Kommentar zu schreiben. Abschließend empfahl er, wohlgemerkt dem Abgesandten der überwiegend evangelisch geprägten und sich aus preußischem Adel zusammensetzenden Reichstagsfraktion: „Tun Sie mir den Gefallen und lesen Sie einmal wieder Luthers Schriften, wie ich es jetzt getan, lesen Sie vor allem Luthers Brief an den Adel deutscher Nation, und Sie werden finden, daß ich nur einen kleinen Bruchteil von dem, was Luther gegen Rom und den Papst durch die Staatsgewalt ausgeführt wissen will, jetzt durch die Kirchengesetze erstrebe. Und dann erklären Sie mir den Widerstand derer gegen die Kirchengesetze, die sich mit Vorliebe ‚lutherisch' nennen!"[72] Was er von konservativer Seite erwartete zeigte dann ein Schreiben an den russischen Zar Alexander, welches zugleich auch das bereits nachgezeichnete Ordnungsverständnis des

---

[71] Vgl.: Reulecke, Jürgen: Von der Dorfschule zum Schulsystem. Schulprobleme und Schulalltag in einer jungen Industriestadt vor dem Ersten Weltkrieg, in: Ders. / Weber, Wolfhard (Hrsg.): Fabrik, Familie, Feierabend. Beiträge zur Sozialgeschichte des Alltags im Industriezeitalter, Wuppertal 1978, S. 247-271.
[72] Alle Gesprächsbeschreibungen sowie das Zitat sind nachzulesen in: von Bismarck, Otto: Gespräch mit Gustav von Diest (19. März 1873), in: Milatz, Alfred (Hrsg.): Otto von Bismarck. Werke in Auswahl. Jahrhundertausgabe zum 23. September 1862 (Bd. 5 Erster Teil), Dokument Nr. 180, unveränd. Nachdruck, Darmstadt 2001, S. 312-318.

Reichskanzlers widerspiegelte. Hierin stellte er fest: „Der Adel stärkt die Krone wesentlich, wenn er dem Könige in alter Treue folgt; vom Könige getrennt ist er ohne Macht im Lande. Bei den vorletzten Wahlen, wo die sogenannten Konservativen noch für königstreue Politiker galten, hatten sie nahezu die Hälfte der Mandate. Bei den jüngsten Wahlen [...] sind sie fast verschwunden bis auf 8 oder 10 Mandate."[73] Insgesamt spiegelte der „Kulturkampf" damit aber meiner Ansicht nach nicht nur den Kampf Bismarcks gegen den Papst, sondern den Konflikt um das Eindringen des modernen Nationalstaates in die von der katholischen Kirche traditionell beanspruchten Gesellschaftsbereiche allgemein wieder. Letztlich stellte Bismarck den universellen Herrschaftsanspruch des Papstes öffentlich infrage und machte sich dabei die antiklerikale Stimmung der Liberalen zunutze. Dabei setzte er, wie im Verfassungskonflikt, durch die Exklusion eines politischen Gegners, in diesem Fall des Zentrums, die eigenen Ziele in Verbindung mit dessen größtem Widersacher durch. Als Folge wurde die Kirche in Preußen und im Kaiserreich faktisch vollständig dem Staat unterstellt. Unterband die Einführung des „Kanzlerparagraphen" in das Strafgesetzbuch 1871 durch Haftandrohung eine kritische Thematisierung staatlicher Sachverhalte von den Kanzeln, so griff der Staat nach dem Abbruch der diplomatischen Beziehungen mit dem Vatikan durch die Maigesetze 1873 direkt in die innerkirchliche Verwaltung ein. Mit der Einführung der Zivilehe, der Unterbindung staatlicher Zuwendungen an kirchliche Einrichtungen, der verstärkten Zensur kirchlicher Presseorgane und der Entfernung der Kirchenartikel aus der preußischen Verfassung im Jahr 1875,[74] versuchte Bismarck die katholische Konfession auszutrocknen, musste aber spätestens mit den Reichstagswahlen 1877 bei denen das Zentrum nur knapp hinter den Nationalliberalen zweitstärkste Kraft wurde, sein politisches Scheitern eingestehen.[75] Hielt er es im Dezember 1874 noch für eine „Anstandspflicht für das Deutsche Reich" nicht einmal den Schein zu erwecken, als könne der

[73] von Bismarck, Otto: Erlaß an den Prinzen Heinrich VII. Reuß-St. Petersburg: Übermittlung einer n Zaren (5. Februar 1874), in: Milatz, Alfred (Hrsg.): Otto von Bismarck. Werke in Auswahl. Jahrhundertausgabe zum 23. September 1862 (Bd. 5 Erster Teil), Dokument Nr. 249, unveränd. Nachdruck, Darmstadt 2001, S. 439.
[74] Vgl.: von Bismarck, Otto: Rede in der 15. Sitzung des Preußischen Herrenhauses (10. März 1873), in: Milatz, Alfred (Hrsg.): Otto von Bismarck. Werke in Auswahl. Jahrhundertausgabe zum 23. September 1862 (Bd. 5 Erster Teil), Dokument Nr. 177, unveränd. Nachdruck, Darmstadt 2001, S. 302-309.
[75] Vgl.: Ohne Verfasser: http://www.wahlen-in-deutschland.de/krtw.htm, (13.01.2012).

Vatikan zukünftig ohne Erfüllung zentraler Forderungen anerkannt werden,[76] so leitete er im Juli 1879 durch die Abkehr von den Nationalliberalen, die sich nicht geschlossen hinter seine Schutzzollpolitik stellen wollten, die Hinwendung zum Zentrum ein.[77] Das hielt ihn aber auch dann nicht davon ab den katholischen Abgeordneten Papsthörigkeit vorzuwerfen, [78] doch Bismarck wäre nicht Bismarck, wenn er nicht kurz zuvor dieselbe Fraktion darin erinnert hätte, dass sie sich im Jahr davor schon mit der Regierung in Themen verständigen wollte, die 14 Tage später wieder im preußischen Landtag besprochen werden sollten und die dann auch tatsächlich zum praktischen Auftakt seiner Annäherung wurden.[79] Ganz im Gegenteil zum Zentrum konnte von einer Annäherung zur Arbeiterklasse und speziell zu deren parlamentarischen Vertretung der SPD dagegen keine Rede sein. Konzentriert sich der wissenschaftliche Blick dabei überwiegend auf das Sozialistengesetz vom 19. Oktober 1878, so bleiben die schon kurz nach der Reichsgründung einsetzenden Repressionsmaßnahmen meist unberücksichtigt. Wie Florian Tennstedt richtigerweise aufzeigt beginnen diese bereits 1873 mit dem Versuch das Presse,- das Koalitions- und das Vereinsrecht einzuschränken. Da das jedoch am Reichstag scheiterte, wurden auf Grundlage der vorhandenen Gesetze und mit Hilfe der Polizei und der Gerichte, der überwiegende Teil der sozialistischen Organisationen im Reich schon vor 1878 verboten. Bereits 1874 waren 20 bis 30 führende Sozialdemokraten inhaftiert und teilweise zu langen Strafen verurteilt wurden, im gleichen Jahr wurde der Allgemeine Deutsche Arbeiterverein und zwei Jahre später in Preußen auch die SPD gerichtlich „geschlossen" und damit eine Mitgliedschaft oder Beitragszahlung untersagt. Da die SPD aber weiter massiven Zulauf erhielt, sollte das „Gesetz gegen die gemeingefährlichen Bestrebungen der Sozialdemokratie", welches am 19. November 1878 durch die konservativ-nationalliberale Mehrheit im Reichstag beschlossen wurde und bereits zwei Tage später in Kraft trat, mit einem vollständigen Verbot jeglicher

[76] Vgl.: von Bismarck, Otto: Rede in der 25. Sitzung des Deutschen Reichstages (05. Dezember 1874), in: Milatz, Alfred (Hrsg.): Otto von Bismarck. Werke in Auswahl. Jahrhundertausgabe zum 23. September 1862 (Bd. 5 Erster Teil), Dokument Nr. 298, unveränd. Nachdruck, Darmstadt 2001, S. 517-518.

[77] Vgl.: von Bismarck, Otto: Rede in der 77. Sitzung des Deutschen Reichstages (9. Juli 1879), in: Milatz, Alfred (Hrsg.): Otto von Bismarck. Werke in Auswahl. Jahrhundertausgabe zum 23. September 1862 (Bd. 6 Zweiter Teil), Dokument Nr. 99, unveränd. Nachdruck, Darmstadt 2001, S. 327 -341.

[78] von Bismarck, Otto: Rede in der 48. Sitzung des Deutschen Reichstages (8. Mai 1880), in: Milatz, Alfred (Hrsg.): Otto von Bismarck. Werke in Auswahl. Jahrhundertausgabe zum 23. September 1862 (Bd. 6 Zweiter Teil), Dokument Nr. 136, unveränd. Nachdruck, Darmstadt 2001, S. 439.

[79] Vgl.: ebd.

außerparlamentarischer Tätigkeit der SPD Fakten schaffen. Führte dies zwar dazu, dass in Preußen zwischen 1879 und 1880 über 1000 Personen wegen Hochverrat, Landesverrat und Majestätsbeleidigung und reichsweit über 10.000 Personen wegen politischer Verleumdung, Beleidigung Bismarcks und ähnlich vorgeschobenen oder konstruierten Urteilen inhaftiert wurden,[80] so bildeten sich insbesondere unter den Ortskrankenkassen und im Schatten des Freizeitvereinswesens aber relative schnell neue sozialdemokratische Organisationsformen, die der SPD, abgesehen von kurzen Einbrüchen bei den Reichstagswahlen von 1878 und 1887, insgesamt einen Stimmenzuwachs von über 10 % im Zeitraum 1878 bis 1890 ermöglichten.[81] Deutlicher konnte Bismarck mit seinem Ziel die Arbeiter einerseits durch das Sozialistengesetz von der SPD zu isolieren und sie andererseits mit Hilfe von sozialgesetzgeberischer Tätigkeit zu disziplinieren, um sie dadurch an den Staat zu binden, nicht scheitern. Das ist insofern bedeutend, weil man damit nachweisen kann, dass parallel zum steigenden Grad der staatlichen Repression, auch der Organisations- und Homogenitätsgrad der Arbeiterbewegung zunahm.[82] Die Ursache dafür lag also weder in der voranschreitenden Industrialisierung und den dadurch mitverursachten Folgen der Urbanisierung und des massiven Bevölkerungswachstums, noch in den wirtschaftlichen Krisen der Bismarck-Ära allein begründet. Es stellt sich daher die wichtige Frage warum ausgerechnet die Sozialdemokratie unter der Arbeiterschaft so einen Zuspruch erhielt? Um dieses Phänomen abschließend zu erklären muss man einen kurzen Blick auf die Arbeiterbewegung als solche werfen. Kann man 1878 bereits von einer organisierten Massenbewegung sprechen, so ist dies sieben Jahre zuvor keineswegs der Fall. Denn symbolisierten zum Zeitpunkt der Reichsgründung noch überwiegend das Handwerker-, das Heimarbeits- und das Ackerbauproletariat vor dem Industrieproletariat und der konfessionell organisierte Arbeiterschaft das Bild der arbeitenden Klasse in Deutschland, so nahm das zunehmend sozialistisch organisierte Industrieproletariat bis zum Zeitpunkt des Sozialistengesetzes

---

[80] Vgl.: Tennstedt, Florian: Vom Proleten zum Industriearbeiter. Arbeiterbewegung und Sozialpolitik in Deutschland von 1880 bis 1940, Köln 1983, S. 268-285.
[81] Vgl.: Ohne Verfasser: http://www.wahlen-in-deutschland.de/krtw.htm, (13.01.2012)
[82] Vgl.: Tennstedt Florian: Vom Proleten zum Industriearbeiter. S 269.

schon deutlich den Spitzenplatz ein.[83] Dies lag entgegen der Argumentation Bismarcks aber nicht an der ideologischen Ausrichtung der SPD gegen die Monarchie, die bei aller Revolutionsrhetorik ja zu keinem Zeitpunkt ernsthafte Umsturzpläne vorbereitete, sondern vielmehr an den Leistungen des sozialistischen Vereins- und Hilfskassenwesens, das den Arbeitern in ihrem faktisch rechtlosen Dasein als Fabrikangehörige, Rentner, Invalide oder Kranke, durch selbstorganisierte Versicherungen genau dort zur Seite stand, wo es am notwendigsten war und wo sie der Staat ohne den Druck der gesellschaftlichen und politischen Akteure im Zweifel weiterhin der würdelosen Armenhilfe überlassen hätte.[84] Kaum ein Arbeiter erreichte bei einer Lebenserwartung von rund 50 Jahren das Rentenalter, noch deutlich mehr waren als Invalide bis 1889 vollständig von der Armenfürsorge und den kargen Selbsthilfekassen abhängig oder mussten, weil sie auch danach den Invalidenstatus nicht zugesprochen bekamen, theoretisch als sogenannte „Teilinvalide" schwerbeschädigt weiterarbeiten, was in der Realität aber unmöglich war und damit ebenfalls in die Armenfürsorge führte. Der überwiegende Teil der Arbeiter war dann auch nicht unversehrt, sondern infolge der Arbeitsbedingungen in den Fabriken und auf Grund der verarmten Lebensverhältnisse, die sich am stärksten in der dramatischen Wohn-, Ernährungs- und Hygienesituation in den Arbeitervierteln ausdrückte, dauerhaft krank. [85] Folgeerscheinungen wie der massive Alkoholismus, der wiederum daraus resultierte, dass Arbeiter mit teilweise bis zu vier Litern Bier pro 12-16 stündiger Arbeitsschicht ihren Hunger und die körperlichen Schmerzen regelrecht betäubten, wurden dabei noch nicht einmal als Krankheit berücksichtigt.[86] Es musste also wie blanker Hohn auf die Arbeiter wirken, wenn Bismarck diese gesellschaftliche Realität verdrängte und selbst im Reichstag dem Zentrumsabgeordneten Hertling, welcher vermutlich auf der

---

[83] Tennstedt, Florian: Vom Proleten zum Industriearbeiter, S. 269.

[84] Dem stimmt selbst Bismarck indirekt mit seinem berühmten Zitat zu: „Wenn es nicht die Sozialdemokratie gäbe [...], und wenn nicht eine Menge Leute sich vor ihr fürchteten, würden die mäßigen Fortschritte [...] auch nicht existieren." Abgedruckt ist das Zitat bei Tennstedt, Florian: Vom Proleten zum Industriearbeiter, S. 286.

[85] Vgl.: Reif, Heinz: Soziale Lage und Erfahrungen des alternden Fabrikarbeiters in der Schwerindustrie des westlichen Ruhrgebietes während der Hochindustrialisierung, in: Archiv für Sozialgeschichte, Bd. 22 / 1982, S. 1-94.

[86] Machtan, Lothar: Zum Innenleben deutscher Fabriken im 19. Jahrhundert. Die formelle und die informelle Verfassung von Industriebetrieben, anhand von Beispielen aus der Textil- und Maschinenbauproduktion (1869-1891), in: Archiv für Sozialgeschichte, Bd. 21/1981, S. 211.

Grundlage von Informationen Theodor Lohmanns[87] die hohen Arbeitszeiten kritisierte, entgegnete: „Derr Herr Vorredner hat von Arbeitszeiten gesprochen, die mir ganz unbekannt sind. Ich habe Fabriken in meiner Nachbarschaft, da ist die eigentliche Arbeitszeit eine neunstündige, mitunter eine zehnstündige, die Schicht eine zwölfstündige mit drei Stunden Ruhe [...] ich will nicht von sechzehn Stunden sprechen, ich halte das für eine Ausnahme [...]."[88], um dann wenige Sätze später am Beispiel der Frauenarbeit auch noch indirekt zu einzugestehen, dass selbst diese Arbeitszeiten auf Grund der niedrigen Löhne nicht reichten um den Lebensunterhalt zu finanzieren. Denn dort führte er aus: „[...] was die Frau bisher verdient, mag es die Hälfte, ein Drittel oder zwei Drittel von dem Verdienst des Mannes sein – es ist zum Budget von 750 Mark immer ein Zuschuß, der bisher nicht entbehrt werden kann."[89] Es waren also auch nicht nur die staatlichen Repressionsmittel und die sozialdemokratische Agitation und Organisation mit all ihren unterstützenden Maßnahmen, die der SPD die Arbeiter als Mitglieder und als Wähler in Scharen zufliegen ließ, es war vor allem die Unfähigkeit Bismarcks sich in seinen Konzeptionen sozialgesetzgeberischer Tätigkeit an der gesellschaftlichen Realität zu orientieren. Das wiederum war eine direkte Folge der Tatsache, dass er sich, wie noch aufgezeigt werden soll, deutlich mehr an den wirtschaftlichen Interessen orientierte als bisher bekannt war.

4.2. Ordnungspolitische Grundvorstellungen bei Otto von Bismarck

Um die Intentionen der sozialpolitischen Intervention durch Bismarck herausarbeiten zu können, muss zwingend auch dessen Staats- und Gesellschaftsverständnis erschlossen werden, da es den grundlegenden Rahmen für die politischen Entscheidungen im Deutschen Kaiserreich bis 1890 bildete. Hier geben eine Menge Quellen beispielhaft Auskunft ohne deren Berücksichtigung man schnell Gefahr laufen würde, die Person Bismarck

---

[87] Siehe hierzu Punkt 5.2 dieser Arbeit.
[88] Zitiert nach: von Bismarck, Otto: Rede in der 20. Sitzung des Deutschen Reichstages (9. Januar 1882), in: Milatz, Alfred (Hrsg.): Otto von Bismarck. Werke in Auswahl. Jahrhundertausgabe zum 23. September 1862 (Bd. 6 Zweiter Teil), Dokument Nr. 203, unveränd. Nachdruck, Darmstadt 2001, S. 632.
[89] Zitiert nach: ebd. S. 634.

ausschließlich im Tunnelblick zu betrachten und wie so oft schon geschehen, die Tiefe der Sozialgesetzgebung im Kaiserreich weit zu überschätzen. Auch die Ursachen für die oft als irrational erscheinenden politischen Kehrtwendungen des Reichskanzlers könnten in ihrer tatsächlichen Rationalität und Durchdachtheit nicht ansatzweise nachvollzogen werden. Sie entsprachen z.B. im Spiegel der biographischen Zäsuren nur allzu oft den Weggabelungen und Rückschlägen, aber eben auch den tiefen Erkenntnis- und Selbstfindungsprozessen des studierten Junkers. Beispielhaft lässt sich das an einem zentralen Dokument nachzeichnen, das besonders von konservativen Historikern als Symbol für das Selbstbewusstsein Bismarcks herangezogen, allerdings meist nur bis zu einer bestimmten Stelle zitiert wurde. Es handelt sich dabei um einen Brief von Bismarck an die Gräfin von Bismarck-Bohlen aus dem Jahr 1838, in dem er den Weg eines klassischen preußischen Beamten ablehnte, da ihm in diesen jungen Jahren die Bürokratie mit ihrer Einfältigkeit und mangelnden Initiative wie ein Korsett erschien. So schrieb er: „Die Wirksamkeit des einzelnen Beamten bei uns ist wenig selbständig, auch die des höchsten, und bei den anderen beschränkt sie sich schon wesentlich darauf, die administrative Maschinerie in dem einmal vorgezeichneten Geleise fortzuschieben. Der preußische Beamte gleicht dem Einzelnen im Orchester; mag er die erste Violine oder den Triangel spielen, ohne Übersicht und Einfluß auf das Ganze muß er sein Bruchstück abspielen, wie es ihm gesetzt ist, er mag es für gut oder schlecht halten. Ich will aber Musik machen, wie ich sie für gut erkenne, oder gar keine."[90] Hier endet dann meist das Zitat und es mutet also wie ein Paradoxon an, dass trotz dieser Erfahrung und Skepsis gegenüber der starren preußischen Bürokratie, im späteren Kaiserreich ausgerechnet Staatsbeamte mit umfassender Eigeninitiative von Bismarck selbst kritisiert und oft umgehend aus ihrem Dienstverhältnis entlassen bzw. auf einflusslose Posten abgeschoben wurden. Dieses Paradoxon löst sich jedoch relativ schnell auf, wenn man auch den Rahmen der gesellschaftlich und politisch vorherrschenden Hierarchie durch die auch Bismarck zutiefst geprägt und verändert wurde, berücksichtigt. Welchen Wandel er dabei vollzog wird deutlich, wenn man den obigen Brief weiter verfolgt und die Äußerungen dann mit der

---

[90] Zitiert nach: von Bismarck, Otto: Brief an die Gräfin v. Bismarck-Bohlen (Greifswald 1838), in: Rothfels, Hans: Bismarck und der Staat. Ausgewählte Dokumente, Dokument Nr. 2, Darmstadt 1957, S. 4.

Verfassung des Deutschen Kaiserreiches und dem Agieren des späteren Reichskanzlers vergleicht. So ist er im Brief noch der Meinung: „In einem Staate mit freier Verfassung kann ein jeder, der sich den Staatsangelegenheiten widmet, offen seine ganze Kraft an die Verteidigung und Durchführung derjenigen Maßregeln und Systeme setzen, von deren Gerechtigkeit und Nutzen er die Überzeugung hat und er braucht diese letztere einzig und allein als Richtschnur seiner Handlungen anzuerkennen [...]".[91] Mit Blick auf die spätere Reichsgründung standen aber gerade die engagierten und an der individuellen Freiheit orientierten Minister in Konflikt mit Bismarck. So z.B. der von ihm viel kritisierte aber dennoch unersetzliche Leiter des Reichskanzleramtes Rudolph Delbrück[92] und der schließlich abgeschobene Handelsminister Karl von Hofmann. Gerade Hofmann blieb an Eigeninitiative hinter dem engsten Mitarbeiter Bismarcks Hermann Wagener nicht zurück und dennoch verband letzteren bei aller Individualität im Gegensatz zu ersterem ein zentrales Moment mit Bismarck. Dieses Moment war die Akzeptanz der gegebenen Hierarchie des Ministeriums sowie des gesamten monarchischen Staates. Hierarchie bedeutete Ordnung und Ordnung stand im Hinblick auf den Staat sowohl bei Bismarck, als auch bei Wagener und Lohmann einerseits für die Abwesenheit von Revolutionsgefahr und mit Blick auf die eigene Person, für Abwesenheit von Lebensunsicherheit. Von der freien Verfassung eines Staates war bei Bismarck da aber schon lange keine Rede mehr. Die Gründe dafür lagen zumindest anfangs teils in simpler ökonomischer Notwendigkeit den eigenen Lebensunterhalt finanzieren zu müssen, zum größeren Teil aber in einer religiösen, gesellschaftlichen und politischen Prägung, die sich im Laufe seines Lebens festigte.[93] In dieser hierarchischen Vorstellung vom Staat, war der Erhalt der bestehenden Ordnung oberstes Gebot. Am Kopf dieser Ordnung standen dabei in Preußen der König, im Deutschen Kaiserreich der Kaiser und ihnen nachfolgend der preußische Ministerpräsident bzw. der Reichskanzler sowie der Bundesrat als Repräsentant der Landesfürsten.[94] Der Reichstag

---

[91] Zitierte nach: ebd.

[92] Vgl.: von Bismarck, Otto: Gespräch mit dem sächsischen Staatsminister Freiherr von Friesen (Frühjahr 1875), in: Milatz, Alfred (Hrsg.): Otto von Bismarck. Werke in Auswahl. Jahrhundertausgabe zum 23. September 1862 (Bd. 5 Erster Teil), Dokument Nr. 335, unveränd. Nachdruck, Darmstadt 2001, S. 335-336.

[93] Vgl.: Gall, Lothar: Bismarck. Der weiße Revolutionär, Frankfurt (Main) 1980, S. 36-61.

[94] Vgl.: Ullmann, Hans-Peter: Das Deutsche Kaiserreich 1871-1918. Frankfurt (Main) 1995, S. 33.

dagegen galt Bismarck selbst als ein notwendiges Übel, um den in jungen Jahren noch selbst vertretenen liberalen Bestrebungen jetzt das Wasser abzugraben. Gerade er stand damit als ein Konstrukt moderner politischer Prägung außerhalb einer an der patriarchischen Standesherrschaft orientierten Staatsgliederung und man sah ihm die Kompromisshaftigkeit sowie die durch das allgemeine Männerwahlrecht zugeschriebene Funktion als Legitimationsbeschaffer bei der breiten Bevölkerung immer wieder aufs Neue an.[95] Zwar war er verfassungsmäßig das Zentrum der Gesetzgebung und besaß faktisch das volle Budgetrecht, jedoch wurden diese Kompetenzen aber durch Beschränkungen oder durch die praktische Umsetzung völlig entstellt.[96] So hatte der Reichstag nur eingeschränkten Einfluss auf den Militäretat, der gleichzeitig jedoch den mit Abstand größten Haushaltsposten stellte[97] und die Gesetzgebung wurde überwiegend von den Ministerien dominiert, die allerdings auf Anordnung Bismarcks seit 1880 ohne dessen Wissen nicht mehr selbst initiativ werden durften.[98] Als der Reichskanzler, wie er in dem oben genannten Brief forderte, „seine Musik spielen konnte", wie er sie für richtig erachtete, waren die übrigen Mitglieder des Orchesters zweitrangig. Durch das Fehlen von eigenverantwortlichen Ministern auf Reichsebene, verhinderte die von ihm ausgearbeitete Verfassung damit ganz bewusst eine durch umfassende Parlamentsrechte geprägte selbständige Politikerschicht. Damit war das Risiko eines Übergewichtes demokratischer Tendenzen im Hinblick auf die ständischen Institutionen für den Reichskanzler gebannt und es entspricht nur der Logik, dass er die reibungslose Zustimmung zu den vorgelegten Gesetzen und damit eine schlichte nachgeordnete Legitimation für die von der Regierung und ihren Ministerien auszugehende Gesetzgebung als wichtigste Funktion des Parlamentes erachtete.[99] Es ist daher auch nicht verwunderlich, wenn Bismarck jegliche Forderungen von Abgeordneten, Ministern, Parteien oder gesellschaftlichen Institutionen nach parlamentarischer oder föderaler Mitsprache und ministerieller Verantwortlichkeit mit dem Hinweis auf die

---

[95] Vgl.: Wehler, Hans-Ulrich: Das Deutsche Kaiserreich 1871-1918, 5. Aufl.,Göttingen 1983, S. 60-61.

[96] Vgl.: Wehler, Hans-Ulrich: Deutsche Gesellschaftsgeschichte 1849-1914, S. 864-865.

[97] Vgl.: Eyck, Erich: Bismarck nach fünfzig Jahren, in: Gall, Lothar (Hrsg.): Das Bismarck-Problem in der Geschichtsschreibung nach 1945, Köln / Berlin, 1971, S. 45.

[98] Vgl.: von Bismarck, Otto: Erlaß des Reichskanzlers (8. März 1880, in: Quellensammlung zur Geschichte der deutschen Sozialpolitik (1867-1881), Abt. 1, Bd. 2, Dokument Nr. 49, S. 149-152.

[99] Vgl. Wehler, Hans-Ulrich: Das Deutsche Kaiserreich 1871-1918, 5. Aufl., Göttingen 1983, S. 61-62.

gefährlichen Auswirkungen des „Partikularismus" für das Kaiserreich abwiegelte.[100] Das hieß zwar nicht, dass er entsprechende Initiativen nicht wahrnahm, diese wurden jedoch meist im Verborgenen von ihm adaptiert, was dazu führte, dass sich politische Entscheidungen scheinbar allein daran orientierten, was aus seiner subjektiven Perspektive im Interesse des Staates lag und was nicht. Ein Spielraum für eine Mehrheitspolitik, die von Individuen ausging und sich an Individuen orientierte hätte daher nur eine Chance besessen, wenn sie von einer selbstbewussten Parlamentarierschicht in einem bewussten Machtkampf mit Reichskanzler und Kaiser mühsam erstritten worden wäre. Dass allein der Versuch zwischen 1871 und 1918 dazu nie unternommen wurde zeigt, wie tiefverwurzelt die hierarchische Gliederung der Gesellschaft in allen Parteien und allen Gesellschaftsschichten verwurzelt war. Da für die Realisierung der jeweiligen Gesetzesvorhaben aber dennoch eine parlamentarische Mehrheit notwendig war und sich die politischen Zielstellungen eines so dominierenden Reichskanzlers relativ kurzfristig, parteipolitische Ausrichtungen auf Grund von relativ standfesten Wert- und Ideologiefundamenten dagegen aber nur zwangsweise langsam veränderten, bestand zwischen Reichskanzler und den jeweiligen Regierungsparteien sowie dem Parlament insgesamt, ein latentes Spannungsverhältnis. Dieses Spannungsverhältnis wurde bei Bedarf, d.h. bei ausbleibender Zustimmung der mehrheitstragenden Parteien zur Politik Bismarcks, durch Auflösung des Reichstages gelöst.[101] Da es aber im Falle fehlender Zustimmung im neuen Mehrheitsverhältnis dann ebenfalls umgehend wieder präsent war, wurde bei fehlendem Konsens mit dem Reichskanzler faktisch jedes Mal die entscheidende Transmissionsfunktion politischer Parteien, gesellschaftliche Belange aus Notwendigkeit in politische Entscheidungen umzusetzen, außer Kraft gesetzt.[102] Damit bestand das Grunddilemma der alten absolutistischen Staaten, gesellschaftliche Transformationsprozesse nicht adäquat zur Kenntnis zu nehmen und politisch angemessen auf diese zu reagieren, bis zum Ende des Deutschen Kaiserreiches fort und trug entscheidend mit zu dessen

---

[100] Vgl.: von Bismarck, Otto: Rede in der 48. Sitzung des Deutschen Reichstages (8. Mai 1880), in: Milatz, Alfred (Hrsg.): Otto von Bismarck. Werke in Auswahl. Jahrhundertausgabe zum 23. September 1862 (Bd. 6 Zweiter Teil), Dokument Nr. 136, unveränd. Nachdruck, Darmstadt 2001, S. 441.

[101] Vgl.: Nipperdey, Thomas: Grundprobleme der deutschen Parteigeschichte im 19. Jahrhundert, in: Ritter, Gerhard A. (Hrsg.): Die deutschen Parteien vor 1918, Köln 1973, S 33-55.

[102] von Alemann, Ulrich: Das Parteiensystem der Bundesrepublik Deutschland, Bonn 2003, S. 209-217.

Untergang bei.[103] Bismarck blieb nicht zuletzt auch dadurch Zeit seines Lebens der Zugang zu den konkreten und individuellen Ursachen des sozialen Elends breiter Bevölkerungsschichten in seiner vollständigen Dimension gänzlich verschlossen. Kenntlich wurde das insbesondere in der bis zum Ende seiner Amtszeit ablehnenden Haltung gegenüber Eingriffen des Staates in die Betriebsverfassungen und arbeitsschutzrechtlichen Bestimmungen von Unternehmen.[104] Genau hier lag jedoch meist die Hauptursache für die geringe Durchschnittslebensdauer sowie all der Folgeerscheinungen, die in der sozialen Verwahrlosung einer ganzen Bevölkerungsschicht ihren Ausdruck fanden. Umfassendes politisches Interesse an sozialgesetzgeberischen Maßnahmen setzte bei Bismarck nicht zuletzt daher erst dort ein, wo sich auch auf deutschem Territorium aus der verelendeten Unterschicht eine politische Masse zu konstituieren begann, die bereits in der Revolution 1789 das Ancien Régime in Frankreich hinwegfegte und mit der Julirevolution von 1830 schließlich endgültig einen europaweiten Prozess initiierte, der zunehmend die gesellschaftlichen Grundfeste der europäischen Herrscherhäuser und schließlich diese selbst infrage stellte. Nach dem Scheitern der Revolution von 1848/49 auf deutschem Boden, das keineswegs eine vollständige Konsolidierung der Monarchien bedeutete, setzte sich parallel zu dem zeitlich verzögerten „Take Off" der Industrialisierung und der dadurch beschleunigten Transformation der Gesellschaft, ein Sozialverständnis bei Bismarck aber vorerst nur in insofern durch, dass er anerkannte, dass die Soziale Frage eines der entscheidenden Probleme seiner Gegenwart darstellte, die zwingend politisch gelöst werden musste. Dieses begrenzte Sozialverständnis unterschied ihn zwar schon von einem großen Teil der konservativen Eliten seiner Zeit, entsprang aber nicht der sozialen Notwendigkeit, sondern der staatspolitischen Bedeutung für das zukünftige Fortbestehenden der monarchischen Ordnung in Preußen und später im Kaiserreich.[105] Keineswegs entsprang Bismarcks Politik daher selbst revolutionären Motiven. Lothar Gall

---

[103] Diesen Sachverhalt hat zuletzt Lothar Machtan umfassend herausgearbeitet. Vgl. dazu: Machtan, Lothar: Abdankung. Wie Deutschlands gekrönte Häupter aus der Geschichte fielen, Berlin 2008.
[104] Vgl.: Andersen, Arne: Arbeiterschutz in Deutschland im frühen 19. Und 20. Jahrhundert, in: Archiv für Sozialgeschichte, Bd. 31 / 1991, S. 61-83.
[105] Vgl.: von Bismarck, Otto: Schreiben des preußischen Ministerpräsidenten Otto von Bismarck an den preußischen Handelsminister Heinrich Graf von Itzenplitz (12. April 1863), in: Quellensammlung zur Geschichte der deutschen Sozialpolitik (1867-1881), Abt. 1, Bd. 1, Dokument Nr. 9, S. 22-27.

muss sich deshalb bei der Wahl des Untertitels für seine Bismarckbiographie den Vorwurf gefallen lassen, dass dieser mit „Der weiße Revolutionär"[106] so unermesslich weit an der historischen Person Otto von Bismarck vorbeizielt, wie es nur irgendwie möglich ist. Nichts stand Bismarck ferner als der ursprüngliche Inhalt des Begriffes „Revolution" und das sowohl in seiner schlichten vom politischen Kontext losgelösten Bedeutung des Wandels und erst recht in seiner politisch aufgeladenen und von Karl Marx geprägten Variante eines schnellen, holistischen Umsturzes eines politischen Systems inklusive all seiner Bestandteile. Die entscheidende Antriebsfeder sich mit der Sozialreform in der preußischen Tradition der „Reform von oben" intensiver auseinanderzusetzen, fand bei Bismarck dann auch erst seine Ursache in der begründeten Furcht vor der durch Kommunismus und Sozialdemokratie mobilisierten Arbeiterbewegung und ihrer Revolutionsrhetorik. Dass er diese selbst als „Revolution von oben" deklarierte, dürfte dabei einer bewusst angestrebten Einverleibung des Revolutionsbegriffes geschuldet sein, die vor allem das Ziel hatte die Arbeiterschaft auch ideologisch an den Staat zu binden.[107] Denn auch wenn sich die Gesellschaft noch so sehr verändern sollte, die staatliche Ordnung blieb bei Bismarck unabhängig von ihrer konstitutionellen Verfasstheit ein hierarchisch gegliederter Staat, in dem jede Klasse ihren festen Platz besaß. Entstanden neue Klassen, so konnten diese zwar durchaus ihre Berechtigung haben, das entband sie aber nicht von der Pflicht, sich in die bestehende Ordnung einzufügen und sich der Monarchie unterzuordnen.[108] Bismarck war meiner Ansicht nach trotz der inhaltlichen Differenzen mit den konservativen Parteien in Preußen und im Kaiserreich meiner Ansicht nach selbst ein Konservativer im ureigenen Verständnis des Begriffes. Deutlich wird das anhand der zentralen Definition des Staates durch den geistigen Vordenker des Konservatismus Edmund Burke. Sie könnte mit der Kombination aus göttlicher Staatsordnung, Unterordnung der Untergebenen unter selbige, aber auch im Hinblick auf die Verantwortlichkeit aller Teile des Staates für denselben über Generationen hinweg, nicht besser auf Bismarcks eigene Staatskonzeption zugeschnitten sein. Burke führte aus: „Ein Staat ist eine Verbindung von ganz

[106] Gall, Lothar: Bismarck. Der weiße Revolutionär, Frankfurt (Main) 1980.
[107] Vgl.: Reidegeld, Eckart: Staatliche Sozialpolitik in Deutschland. Von den Ursprüngen bis zum Untergang des Kaiserreiches 1918, (Bd.1), 2. Aufl., Wiesbaden 2006, S. 190-235; 268-280; 343-359.
[108] Vgl.: Syrup, Friedrich / Neuloh, Otto: Hundert Jahre Staatliche Sozialpolitik 1839-1939, Stuttgart 1957, S.79-80.

anderer Art, und ganz anderer Wichtigkeit. Er ist nicht blos eine Gemeinschaft in Dingen, deren die grobe thierische Existenz des vergänglichen des vergänglichen Theils unseres Wesens bedarf, er ist eine Gemeinschaft in allem was wissenswürdig, in allem was schön, in allem was schätzbar und gut, und göttlich im Menschen ist. Da die Zwecke einer solchen Verbindung nicht in einer Generation zu erreichen sind, so wird daraus eine Gemeinschaft zwischen denen, welche leben, denen, welche gelebt haben, und denen, welche noch leben sollen. Jeder Grundvertrag einer abgesonderten Staatsgesellschaft, ist nur eine Clausel in dem großen Urcontract, der von Ewigkeit her alle Weltwesen zusammenhält, die niedrigern Naturen mit den höhern verbindet, und die sichtbare Welt an die unsichtbare knüpft, alles unter der Sanktion eines unverletzlichen und unwandelbaren Gesetzes, vor dem nichts in physischen, nichts im moralischen Weltall seine angewiesene Stelle verlassen darf. [...] Die einzelnen Corporationen dieses unermeßlichen Weltreichs sind in ihrer moralischen Qualität keineswegs befugt, die Bande ihrer untergeordneten Gesellschaft, wenn eitle Veränderungssucht oder die Hoffnung auf chimärische Verbesserungen sie treibt, muthwillig auseinander zu reißen, und den Staat in ein regelloses Chaos, roher ungeselliger, streitender Elemente aufzulösen."[109] Wenn überhaupt, dann war es also ein gesteuerter und erhaltender bzw. bewahrender Wandel den Bismarck anstrebte. Dafür aber, wie Gall es macht, unkritisch den Revolutions-Terminus Bismarcks als eigenen Buchtitel zu verwenden, halte ich für völlig verfehlt. Suggeriert er doch ein Bewusstsein des Reichskanzlers für die Ursachen gesellschaftlicher Veränderungen, welches trotz gewisser Ansätze, in dieser Ausprägung nie vorhanden war und erst durch andere Akteure an ihn herangetragen wurde. Letzteres soll in den folgenden Punkten nachgewiesen werden.

4.3. Albert Schäffle – der vergessene Ideengeber

Mit der Gründung des Deutschen Kaiserreiches lebt im Zuge der Arbeiterfrage auch die schon im Vormärz aufgeflammte gesellschaftlich Debatte darüber wieder auf, inwiefern der Staat eine Verantwortung, ein Recht oder sogar die

---

[109] Zitiert nach: Burke, Edmund: Betrachtungen über die Französische Revolution (Dt. Übersetzung), Bd 1., Braunschweig 1838, S. 171-172.

Pflicht besaß, die soziale Lage des Proletariats zu verbessern. Diese in Presse, Wissenschaft, Vereinen, Kirche und Parteien unter dem kurzen Stichwort „Sozialreform" geführte Auseinandersetzung ist in ihrer Breite, in ihrem Verlauf und im Hinblick auf die beteiligten Akteure wissenschaftlich detailliert aufgearbeitet.[110] Dennoch besteht gerade im Hinblick auf die Frage nach dem direkten Einfluss der Sozialreform auf die Sozialgesetzgebung des Deutschen Kaiserreiches ein gravierender Mangel. Infolge der sich überwiegend auf Bismarck konzentrierenden Forschung, welche die Sozialgesetzgebung heute daher auch zu Recht vom Herrschaftsanspruch aus deutet,[111] wurden die Gesetzgebungsprozesse in den Ausschüssen des Reichstages und teilweise auch in den Ministerien vernachlässigt. Aus diesem Grund ist die Quellenlage im Hinblick auf formelle und informelle Überschneidungen von sozialreformerischen Einflüssen auf Ministerämter bzw. Abgeordnetenmandate im Reich und in Preußen noch immer unbefriedigend. Grundsätzlich kann man im Hinblick auf die Sozialgesetzgebung aber dennoch drei zentrale Ausprägungen der Sozialreform nachweislich als einflussreich bezeichnen. Zum einen waren die sogenannten „Kathedersozialisten", die sich überwiegend im Verein für Socialpolitik organisierten von nachhaltiger Bedeutung und zum anderen übte mit der „Inneren Mission", die durch Johann Hinrich Wichern entscheidend geprägt wurde,[112] auch eine evangelisch-konfessionelle Ausprägung entscheidenden Einfluss aus. Neben diesen relativ bekannten Faktoren, muss mit Albert Schäffle aber endlich auch eine der zentralen Personen in Bismarcks Umfeld besprochen werden, die in der wissenschaftlichen Aufarbeitung der Sozialgesetzgebung des Kaiserreiches bisher immer wieder aus dem Blickfeld geraten ist und wenn überhaupt, dann nur beiläufig erwähnt wurde. Obwohl Schäffle sich den Kathedersozialisten zuordnen lässt, war er nicht, wie Florian Tennstedt fälschlich behauptet, Mitglied im Verein für Sozialpolitik.[113] Dass sein Einfluss auf die Sozialgesetzgebung aber bisher weitestgehend unberücksichtigt blieb erstaunt

[110] Siehe dazu insbesondere: Quellensammlung zur Geschichte der deutschen Sozialpolitik (1867-1881), Abt. 1, Bd. 8, sowie vom Bruch, Rüdiger: Bürgerlichkeit, Staat und Kultur im Deutschen Kaiserreich, Wiesbaden 2005.

[111] Vgl.: Hentschel, Volker: Geschichte der deutschen Sozialpolitik 1880-1980, Frankfurt (Main) 1983, S. 9-11.

[112] Vgl.: vom Bruch, Rüdiger: Bürgerliche Sozialreform im deutschen Kaiserreich, in: Ders. (Hrsg.): Bürgerliche Sozialreform in Deutschland vom Vormärz bis zur Ära Adenauer, München 1985, S. 61-179.

[113] Tennstedt, Florian: Vom Proleten zum Industriearbeiter, S. 370.

umso mehr, da er neben Louis Baare der einzige externe Berater war, den Bismarck persönlich um Mitarbeit bat. Darüber hinaus fand Schäffle schon vor seinem Engagement für Bismarck selbst bei Theodor Lohmann Zustimmung und jener war bekanntlich, was persönliche Entscheidungen Bismarcks anging, alles andere als ein Unterstützer des Reichskanzlers.[114] Schäffle, ehemaliger Nationalökonom in Tübingen und österreichischer Handelsminister a.D., verfolgte die sozialpolitischen Initiativen in Deutschland sehr aufmerksam und nahm die öffentliche Kritik am ersten Entwurf des Unfallversicherungsgesetzes 1881 zum Anlass, um darauf in der „Augsburger Allgemeinen Zeitung" vom 7. Und 8. Oktober 1881 auf mehreren Seiten anonym Stellung zu nehmen und den von Bismarck veröffentlichen Gesetzentwurf zu verteidigen, aber auch mit eigenen Vorschlägen zu ergänzen.[115] Am 11. November 1881 schickte er diese Artikel mit Hinweis auf seine Urheberschaft dann direkt an den Reichskanzler und erhielt von diesem bereits am 15. November 1881 ein persönliches Antwortschreiben, welches die Aufforderung enthielt, ihn doch zukünftig bei der „legislativen Arbeit" zu unterstützen.[116] Bismarck führte weiter aus: „Ich würde mich freuen, wenn ich bei den Vorarbeiten hierzu und bei der Prüfung der Wege zum Ziel den Beistand einer auf diesem Gebiete so bewährten Kraft wie der Ihrigen haben könnte, und bitte zunächst um eine gefällige Äußerung, ob ich auf eine freundliche Bereitwilligkeit Ihrerseits rechnen kann, zuvörderst behufs mündlicher Besprechung, demnächst auch zu geschäftlicher Mitwirkung bei den nöthigen Vorarbeiten und Entwürfen."[117] Hieran sollten bereits zwei Dinge auffallen, die für eine politische Korrespondenz mit einem Reichskanzler ganz untypisch waren. Zum einen antwortete jener auf einen unaufgeforderten Brief binnen kürzester Zeit[118] und zum anderen lud Bismarck den Verfasser umgehend sogar zur Mitarbeit ein. Beides spricht dafür, dass Schäffle, wie er in seinen Zeitungsartikeln auch selbst darlegte, tatsächlich schon seit längerer Zeit für eine berufsgenossenschaftlich organisierte Arbeiterversicherung eintrat

---

[114] Lohmann, Theodor: Brief an Rudolf Friedrichs (26. Dezember 1871), in: Machtan, Lothar (Hrsg.): Mut zur Moral. Aus der privaten Korrespondenz des Gesellschaftsreformers Theodor Lohmann, Bd. 1, Dokument Nr. 198, Bremen 1995. S. 324-325.

[115] Vgl.: Augsburger Allgemeine Zeitung Nr. 280, 281 (7./8. Oktober 1881) in: Quellensammlung zur Geschichte der deutschen Sozialpolitik (1867-1914), Abt. 1, Bd. 1, Dokument Nr. 207, S. 670-677.

[116] Der Briefwechsel ist abgedruckt bei Schäffle, Albert: Aus meinem Leben, Stuttgart 1899, S. 151-173.

[117] Zitiert nach: ebd., S 152-153.

[118] Zu beachten ist hierbei auch, dass Bismarck den Brief aus seinem Gut Varzin in Ostpreußen schrieb und eine Fahrt mit Zug und Kutsche laut Angaben Bismarcks in einem anderen Brief aus dem Jahr 1877 noch ca. 9 Stunden dauerte. Daran dürfte sich auch 1880 nicht viel geändert haben.

und zweitens, dass Bismarck dies wusste und Schäffle somit kein Unbekannter war. Dafür sprechen auch zwei weitere Indizien. Einerseits hätte Bismarck, wenn er nicht selbst davon überzeug gewesen wäre, Schäffle in diesem Kontext nie als „bewährte Kraft" bezeichnet und andererseits hinterlässt auch die Empfehlung des von Schäffle verfassten Buches „Capitalismus und Socialismus" durch Theodor Lohmann, welcher den Verfasser zudem als einen „höchst geistreichen Mann" bezeichnete, diesen Eindruck. [119] Es verwundert dann auch nicht, wenn Karl Erich Born, Schäffle als einen der politisch einflussreichsten Kathedersozialisten bezeichnet. [120] Infolge der späteren Anstellung Schäffles bei Bismarck darf man diese Aussage aber schon jetzt dahingehend korrigieren, dass er nicht nur einer der, sondern der politisch einflussreichste aller Kathedersozialisten war. Es scheint also paradox, dass ausgerechnet er seit dem Urteil Borns überwiegend in Vergessenheit geraten ist. Gerade dies spiegelt zugleich aber auch die Notwendigkeit wieder, endlich auch das persönliche Umfeld Bismarcks in den Quellen näher auszuleuchten. Beginnen müsste man dabei, anknüpfend an den Briefwechsel von Schäffle und Bismarck, bei einem der möglicherweise wichtigsten Dokumente der Sozialgesetzgebung des deutschen Kaiserreiches. Am 20. November 1881 hat Schäffle Bismarck unaufgefordert einen Gesetzentwurf zukommen lassen, welcher außer in der entsprechenden Korrespondenz, [121] in der mir zur Verfügung stehenden Literatur sowie in den zugänglichen Quellen nur noch kurz in einer Zusammenfassung eines Gespräches mit Bismarck durch den württembergischen Staatsminister Mittnacht erwähnt wurde und damit zumindest dessen Existenz bestätigt hat. [122] Da sich auch im Nachlass des Kathedersozialisten nichts anfinden lassen dürfte, da er aus Angst vor Indiskretionen beim Erstellen einer Kopie das eigene Manuskript an den Reichskanzler geschickt hat, [123] besteht die Möglichkeit, dass dieser Entwurf

---

[119] Vgl.: Lohmann, Theodor: Brief an Rudolf Friedrichs (26. Dezember 1871), in: Machtan, Lothar (Hrsg.): Mut zur Moral. Aus der privaten Korrespondenz des Gesellschaftsreformers Theodor Lohmann, Bd. 1, Dokument Nr. 198, Bremen 1995. S. 324-325.

[120] Vgl.: Born, Karl Erich: Geschichte der Wirtschaftswissenschaften an der Universität Tübingen 1817-1967, Tübingen 1976, S. 64.

[121] Vgl.: Schäffle, Albert: Aus meinem Leben, S. 161-163.

[122] Vgl.: von Bismarck, Otto: Gespräch mit dem württembergischen Staatsminister Freiherrn von Mittnacht (25. und 30. November sowie 2. Dezember 1881), in: Milatz, Alfred (Hrsg.): Otto von Bismarck. Werke in Auswahl. Jahrhundertausgabe zum 23. September 1862 (Bd. 6 Zweiter Teil), Dokument Nr. 192, unveränd. Nachdruck, Darmstadt 2001, S. 590-591.

[123] Vgl.: Schäffle, Albert: Aus meinem Leben, S. 162.

möglicherweise heute im Bismarcknachlass in Friedrichsruh[124] zu finden ist. Dass es sich dabei entgegen der Unscheinbarkeit des Titels, allerdings um ein durchaus umfangreiches Dokument handeln dürfte, wird in der Beschreibung des Verfassers, die zugleich auch den Zweck der Erstellung benennt, selbst deutlich: „Dieser ‚Entwurf eines Normativgesetzes für Errichtung und Verwaltung allgemeiner Hilfskassen des Deutschen Reiches‘ ist soeben in etlichen 130 Artikeln fertig geworden [...]. Um genau die Tragweite der Sache übersehen und vor jedermann vertreten zu können habe ich auch die Invaliditätsversicherung jeder Art einschließlich der Alters- und der Krankenversicherung ins Auge gefaßt und hierfür das volle Organisationsbild gewonnen. Ich meine, daß mein Entwurf schon in dieser Gestalt nicht bloß alle von rechts und links erhobenen Vorwürfe entkräftet sondern auch Euer Durchlaucht staatsmännischen Gesichtspunkten nicht gar zu sehr zuwider sein möchte."[125] Dass das Dokument bei Bismarck tatsächlich Eindruck hinterließ wird daran ersichtlich, dass er diesen in einer gekürzten Fassung umgehend veröffentlicht sehen wollte und Schäffle zu einem persönlichen Gespräch aufforderte. Dabei legte dieser ihm dann am 03. Januar 1882 insbesondere die Priorität der Krankenversicherung dar. Das ist insofern relevant, da Bismarck diese später dennoch als „untergeschobenes Kind" bezeichnet hat,[126] Schäffle selbst aber vom stellvertretenen Reichskanzler Karl Heinrich von Bötticher die Gesetzentwürfe am 22. April 1882 mit dem Vermerk zugesandt bekam. „Sie werden manche Ihrer Vorschläge berücksichtigt finden."[127] Von Bötticher lernte Schäffle ebenfalls bei seinem Aufenthalt in Berlin während eines Familiendiners bei Bismarck kennen. Bei diesem Diner waren u.a. auch der zweite einflussreiche Kathedersozialist Adolph Wagner sowie Theodor Lohmann anwesend.[128] Die Schilderungen Schäffles, der in Berlin auch seinen Gesetzentwurf noch einmal überarbeitet hat, zeigen an dieser Stelle nicht nur, dass er Zugang zu den wichtigsten politischen Persönlichkeiten im Bereich

---

[124] In dem ehemaligen Gut des Reichskanzlers in Friedrichsruh hat heute die Otto-von-Bismarck-Stiftung ihren Sitz, welche den Nachlass Bismarcks verwaltet.
[125] Zitiert nach: Schäffle, Albert: Aus meinem Leben, S. 159-160.
[126] Vgl.: Hannsen, Eckard / Tennstedt, Florian: Biographisches Lexikon zur Geschichte der deutschen Sozialpolitik 1871-1945, Bd. 1, Kassel 2010, S. XXXI.
[127] Zitiert nach: Schäffle, Albert: Aus meinem Leben, S. 179.
[128] Vgl.: von Bismarck, Otto: Gespräche mit dem ehemaligen österreichischen Minister Dr. Albert Schäffle (3. und 6. Januar 1882), in: Milatz, Alfred (Hrsg.): Otto von Bismarck. Werke in Auswahl. Jahrhundertausgabe zum 23. September 1862 (Bd. 6 Zweiter Teil), Dokument Nr. 201, unveränd. Nachdruck, Darmstadt 2001, S. 623.

Sozialgesetzgebung erhalten hatte, sondern vor allem dass er nicht als einziger die Möglichkeit besaß zumindest eine Zeit lang formell oder informell auf die Meinungsbildung Bismarcks einzuwirken. Inwiefern Bismarck seine Vorschläge übernahm, kann jedoch erst nach einem direkten Vergleich des Gesetzentwurfs von Schäffle mit den Konzeptionen Bismarcks beurteilt werden. Aus diesem Grund wäre dessen Fund elementar. Dass neben Schäffle aber auch weitere Akteure nicht vernachlässigt werden dürfen, wird in den nächsten Punkten herausgestellt.

5. Der Einfluss der Ministerialbürokratie auf die staatliche Sozialpolitik im Deutschen Kaiserreich

5.1. Hermann Wagener – Sozialpolitik als sozialkonservative Ordnungspolitik

Eine wissenschaftliche Abhandlung über Hermann Wagener, setzt die Analyse einer Persönlichkeit voraus, welche in puncto Komplexität der Bismarcks in nichts nachstand. Erschwerend kommt hierbei jedoch hinzu, dass die wissenschaftliche Auseinandersetzung mit der Biographie und dem ministeriellen Wirken Wageners deutlich geringer zu veranschlagen ist, als zum Beispiel bei Theodor Lohmann. Einerseits liegt das an einer deutlich schlechteren Quellen- und damit zwangsweise auch Sekundärliteraturbasis, andererseits liegt das aber auch daran, dass man einen Großteil der ordnungspolitischen Gedanken Wageners lange Zeit und ganz unkritisch Bismarck selbst zugeordnet hat, ohne nach deren Ursprung zu fragen. Dank wichtiger Veröffentlichungen ist hier in jüngster Vergangenheit aber zumindest zum Teil Abhilfe geschaffen wurden,[129] sodass man der vielzitierten Metapher Theodor Fontanes, welcher Wagener als „Nebensonne zu Bismarck" bezeichnet hat,[130] nun ein vielschichtigeres Bild zur Seite stellen kann. Um dabei eine historische Bewertung Wageners vornehmen zu können, ist wie auch bei Bismarck, an erster Stelle das ordnungspolitische Fundament aufzuzeigen, das Wagener in seinem Denken und Handel zugrunde lag. Stärker

---

[129] So insbesondere durch Albrecht Henning.
[130] Vgl.: Fontane, Theodor: Von Zwanzig bis Dreißig, Berlin 1898, S. 279.

noch als bei Bismarck muss man hierbei einen Sozialkonservatismus attestieren, dessen Wurzeln Hans-Christof Kraus sehr treffend wie folgt beschreibt: „ Die Ursprünge der sozialkonservativen politischen Ideenwelt liegen in ganzheitlichen, universalistischen Ordnungsvorstellungen, wie sie für die Vormoderne charakteristisch sind. Die Wirklichkeit wird hier verstanden als ganzheitliches Ordnungssystem, als harmonische, göttlich verbürgte Ordnung, deren integraler Bestandteil eine ebenso strukturierte Sozialordnung darstellt. Die Menschen sind nach diesem Modell nicht an sich, sondern nur vor Gott gleich. In ihrer konkreten, d.h. weltlichen sozialen Existenz gehören sie nach göttlichem Willen kraft Geburt einer sozialen Schicht, einem Stand an, der ihnen ihren Platz innerhalb der sozialen Ordnung zuweist. Fürstlich, adelig, bürgerlich, bäuerlich, - arm oder reich, - frei oder unfrei, - oben oder unten: Die Stellung jedes Menschen ist definiert von seiner (durch Herkunft bedingten) Standeszugehörigkeit. Dieser sozialen Ungleichheit korrespondiert allerdings das Gebot der Nächstenliebe, der moralischen Pflicht zur Mildtätigkeit gegenüber den Schwachen und zur Unterstützung der in Not Geratenen."[131] Damit einher gehen bei Wagener zudem ein strikter Antiliberalismus sowie ein systematischer Antisemitismus, wie Henning Albrecht in der ersten umfangreichen Monographie zu Wagener aufgezeigt hat.[132] Insbesondere der Antiliberalismus entsprang dabei der Vorstellung, dass der bürgerliche Liberalismus mit seiner Rationalisierungstendenz und seinem Atheismus nur der Vorbote einer entchristlichten Welt sei, der in Verbindung mit dem Wirtschaftsliberalismus zu einer Auflösung historisch gewachsener und traditioneller Ordnungsstrukturen führe und somit die Hauptursache für die massenhafte Verarmung der Unterschichten darstelle.[133] Diese Grundhaltung entsprach zutiefst einer konservativen Sozialisierung, die entscheidend durch die Revolutionszeit 1848/49 und die Pauperismus-Debatte geprägt wurde. Beides ließ bei Wagener ein politisches Weltbild entstehen, welches als Antipode zur Revolution verstanden werden muss. In dieser Sozialisierung liegt meiner Meinung nach auch die entscheidende Gemeinsamkeit mit Bismarck begründet, der im selben Jahr wie Wagener geboren wurde. Beide lernten sich

---

[131] Zitiert nach: Kraus, Hans-Christof: Hermann Wagener (1815-1889), in: Heidenreich, Bernd (Hrsg.): Politische Theorie des 19. Jahrhunderts, 2. neu bearb. Aufl., Wiesbaden 1999/2000, S. 537.
[132] Vgl. dazu: Albrecht, Henning: Antiliberalismus und Antisemitismus: Hermann Wagener und die preußischen Sozialkonservativen 1855-1873, Paderborn 2010.
[133] Vgl.: Kraus, Hans-Christof, a.a.O., S. 543.

vermutlich um 1947 kennen und standen bald in politisch vertrautem Kontakt. Nachdem Wagener 1848 aus politischen Gründen seines juristischen Amtes enthoben wurde, gehörte er zu den Mitbegründern der konservativ-gegenrevolutionären Tageszeitung „Neue preußische Zeitung", die nach der Integration des Eisernen Kreuzes in den Titelkopf und die Umbenennung in „Neue Preußische (Kreuz-) Zeitung" 1911 nur noch als „Kreuzzeitung" bekannt war.[134] Ihr stand Wagener in den ersten fünf Jahren als Chefredakteur vor und entwickelte das Blatt mit zu einer der meist gelesenen Tagesblätter in Preußen. Kennzeichen der Kreuzzeitung war dabei eine gute Vernetzung in die höchsten Staatsinstitutionen sowie eine schonungslose Agitation, die oft mit unlauteren Mitteln einherging.[135] Nachdem das Blatt seit 1850 mehrmalig durch die Polizei beschlagnahmt und Wagener selbst mit Gerichtsprozessen überzogen wurde, trat er 1853 von seinem Posten als Chefredakteur zurück. Von Interesse ist in diesem Zusammenhang besonders die politische Ausrichtung der Kreuzzeitung, deren Programm sinnbildlich für das Fundament der späteren sozialpolitischen Ideen Wageners stand. Einerseits wollten die Herausgeber nicht: „[...] dass die Revolution, die als Thatsache nicht ungeschehen zu machen ist, sich als Princip unseres öffentlichen Lebens festsetze, dass dem deutschen Volke im Namen der Freiheit und des Fortschritts fremde und undeutsche Institutionen aufgedrungen werden [...]",[136] andererseits konnten Sie die politische Entwicklung auch nicht ignorieren und strebten danach: „[...] in der neuen Ordnung der Dinge, die wir mit ihren Verheissungen ernst beim Wort nehmen, diejenigen Elemente aufweisen, welche wahre Realität und Inhalt haben, die lebensfähigen Triebe (unter organischer Anknüpfung an das geschichtlich Gegebene) zu positiven Bildungen [...] zu entwickeln und so zu zeigen suchen, wo wahre Freiheit und wahrer Fortschritt liegt."[137] Nach dem Ausscheiden aus der Kreuzzeitung wurde Wagener in das preußische Abgeordnetenhaus gewählt und gehörte diesem mit Unterbrechung bis 1870 an. Hier entwickelte er sich als Mitglied der konservativen Fraktion gleichzeitig zu einer treibenden Kraft der konservativen Erneuerungsbewegung und wandte sich verstärkt der

---

[134] Vgl.: Bussiek, Dagmar: „Mit Gott für König und Vaterland". Die Neue Preußische Zeitung (Kreuzzeitung) 1848-1892, (Schriftenreihe der Stipendiaten der Friedrich- Ebert-Stiftung Bd. 15), Münster 2002, Anmerkung 1, Seite 5.
[135] Vgl.: Kraus, Hans-Christof: a.a.O., S. 544.
[136] Zitiert nach: ebd.
[137] Zitiert nach: ebd.

Sozialen Frage zu[138]. Mit der Gründung des „Preußischen Volksvereins" 1861 und seiner antiliberalen und antisemitischen Ausrichtung, unterstützte er Bismarck in seiner Auseinandersetzung mit den Liberalen und wurde 1862, nach dessen Ernennung zum preußischen Ministerpräsidenten, von diesem selbst zu seinem innenpolitischen Berater ernannt. Damit begann der Aufstieg und wie sich herausstellen sollte, auch der tiefe Sturz eines der zentralen Vordenker staatlicher sozialpolitischer Intervention in Deutschland. Wagener wird am Ende seines Lebens 1889 als einer der wenigen Menschen im Umfeld Bismarcks in die Geschichte eingehen, von denen man wusste, dass sie direkten Einfluss auf das politische Denken und Handeln des Ministerpräsidenten und späteren Reichskanzlers ausgeübt haben. Gleichzeitig ist er jedoch auch als einziger Mitarbeiter Bismarcks in die Geschichte eingegangen, der auf Grund seiner selbstverschuldeten, finanziellen Notlage nach mehr als 30 Jahren Zusammenarbeit und politischer Partnerschaft, versuchte den Reichskanzler zu erpressen.[139] Mit Blick auf den politischen Einfluss Wageners darf man konstatieren, dass dieser insbesondere den taktischen Veranlagungen Bismarcks einen entschiedenen Impuls gegeben hat. So geht auf Wagener schon das frühe Streben zurück, das oppositionelle Ministerialbeamtentum durch den Entzug zentraler Rechte zu disziplinieren.[140] Sowohl Bismarcks Absicht den Ausschluss der Beamten von der Wählbarkeit zu fordern,[141] als auch die Forderung Beamtenposten doch gleich mit „[...] jüngeren, den parlamentarischen Parteien fremder gegenüberstehenden

---

[138] Vgl.: Albrecht, Henning: Die „Nebensonne" in der Pflicht: Hermann Wagener als Mitarbeiter Bismarcks, in: Gall, Lothar/ Lappenküper, Ulrich (Hrsg.): Bismarcks Mitarbeiter, Paderborn 2009, S. 21.

[139] Vgl.: ebd. S. 21 und 39.

[140] Albrecht., S. 22.

[141] Bismarck forderte am 28. März 1867 vor dem verfassungsberatenden Reichstag des Norddeutschen Bundes den Ausschluss mit folgender Begründung: „Ich bin als Minister sehr bereit, mir die stärksten Vorstellungen von einem Beamten, der von seinem Pflichtgefühl geleitet wird, in einem Schriftstück gefallen zu lassen, aber ich würde es schwer ertragen, Minister zu bleiben, wenn ich genötigt wäre, in meinem Ressort einen Beamten fortdauernd zu beschäftigen, der mir öffentlich diejenige Achtung versagt, auf die ich in meiner Stellung Anspruch habe." Wie nachhaltig dieses Streben der Entziehung von zentralen Rechten auch auf das Amt des Reichskanzlers wirkte, zeigte dann der „Gesetzesentwurf betreffend die Strafgewalt des Reichstages über seine Mitglieder" vom 12. Februar 1879. Hier sollte ein Ausschuss bei Vergehen einzelner Mitglieder das Recht erhalten, diese aus dem Reichstag auszuschließen und daran den Verlust der Wählbarkeit zu knüpfen. Beide Vorlagen wurden jedoch in den Parlamenten abgelehnt. Einzusehen sind sie bei: von Eppstein, Georg Freiherr / Bornhak, Conrad: Bismarcks Staatsrecht. Die Stellungnahmen des Fürsten Otto von Bismarck zu den wichtigsten Fragen des Deutschen und Preußischen Staatsrechte, 2. Aufl., Berlin 1923, S. 295-299.

Kräften zu besetzen",[142] dürfte hierauf zurückgehen. Ein weiterer Einfluss der mit Wagener auf Grund der rein sozialpolitischen Fokussierung meist nicht in Verbindung gebracht wird, ist sein Werben bei Bismarck für das allgemeine, gleiche und direkte Wahlrecht. Ganz entgegen einer viel zu liberalromantischen Vorstellung zielte dieses jedoch nicht ansatzweise auf demokratische Legitimationsformen ab, sondern sollte entsprechend der konservativen Frontstellung gegen Liberalismus und „Partikularismus", das Gegengewicht der ländlichen und industriellen Unterschichten sowie des alten Mittelstandes mobilisieren, die ebenfalls als konservativ und monarchisch angesehen wurden. Damit zielte das Wahlrecht eben nicht auf eine Parlamentarisierung, sondern auf deren Unterbindung.[143] Gerade hier spiegelt sich langfristig dann auch die direkte Auswirkung Wageners auf Bismarcks Verfassungsgestaltung des Deutschen Kaiserreiches wider. Aber nicht nur lang- sondern auch kurzfristig spielte er eine entscheidende Rolle, so z.B. bei Bismarcks Korrespondenzen und Zusammenkünfte mit Ferdinand Lassalle im Zeitraum 1863-1864 und der Zielstellung die Arbeiterbewegung politisch zu instrumentalisieren, um mit ihr gemeinsam gegen die Liberalen zu Felde zu ziehen. Dabei zeigte sich sowohl bei Wagener aber auch bei Bismarck die Fähigkeit und der Wille, den politischen Gegner soweit in die eigene politische Planung einzubeziehen, wie es für die Umsetzung der eigenen Zielstellung notwendig war, ihn aber gleichzeitig so machtlos zu halten, dass er eben dieser Zielstellung nicht gefährlich werden konnte. Diesen Sachverhalt hat Shlomo Na´aman schon 1962 in seiner grundlegenden Auseinandersetzung mit Gustav Mayers „Bismarck und Lassalle" eindrucksvoll dargelegt.[144] Im Hinblick auf das Verhältnis zur Arbeiterbewegung ergänzte Wilhelm Mommsen dann in Anlehnung an die Ausführungen Na`amans 1963 dessen Erkenntnisse mit dem wichtigen Hinweis, dass gerade in den Anfängen der Arbeiterbewegung, eine deutlich größere Chance bestanden habe „[...] ein gesundes Verhältnis

---

[142] Zitiert nach: von Bismarck, Otto: Schreiben an Roon: Gründe für den Rücktritt vom Präsidium des preußischen Staatsministeriums (Entwurf Bucher) (13. Dezember 1872), in: Milatz, Alfred (Hrsg.): Otto von Bismarck. Werke in Auswahl. Jahrhundertausgabe zum 23. September 1862 (Bd. 5 Erster Teil), Dokument Nr. 160, unveränd. Nachdruck, Darmstadt 2001, S. 249.
[143] Vgl.: Albrecht, Henning: Die „Nebensonne" in der Pflicht, S. 24 sowie Wehler, Hans-Ulrich: Das Deutsche Kaiserreich, S. 61.
[144] Vgl.: Shlomo Na`am: Lassalles Beziehung zu Bismarck – ihr Sinn und Zweck, in: Archiv für Sozialgeschichte, Bd. 2 / 1962, S. 55-85.

zwischen Staat und Industriearbeiter zu schaffen."[145] Damit widerlegt er jedoch seine nicht stichhaltige Argumentation, dass Bismarck „[...] einzusehen begann, dass es Recht und Pflicht des Staates sei, sich um die sozial notleidenden Schichten zu kümmern [...]"[146] selbst. Hier liegt der kleine aber entscheidende Unterschied in der Beurteilung der staatlichen Sozialpolitik im Deutschen Kaiserreich. Denn nicht Einsicht, sondern ordnungspolitische Notwendigkeit im Hinblick auf eine immer stärker werdende Arbeiterbewegung mit revolutionärem Bedrohungspotential wurde zum Antrieb für die Arbeitergesetzgebung. Denn gerade wenn eine Einsicht Bismarcks in eine am Selbstzweck orientierte Arbeiterpolitik gegeben gewesen wäre, hätte er sich mit Lassalle verständigt. Das ist nicht geschehen, und warum das hat er, und diese Aussage ist wörtlich zu nehmen und wie ein Fazit von gescheiterten Verhandlungen zu lesen, in seiner Reichstagsrede als Erwiderung auf August Bebel mit den Worten dargelegt: „Was hätte mir Lassalle bieten und geben können? Er hatte nichts hinter sich."[147] Damit hat Bismarck 1878 die Instrumentalisierungsabsicht nachträglich selbst offen gelegt und bestätigte indirekt ein noch immer fehlendes Bewusstsein für die politische Bedeutung der Arbeiterklasse im Hinblick auf die Lösung der Sozialen Frage. Denn durch wen, wenn nicht durch Lassalle, den er in der gleichen Rede dann der Sozialdemokratie sogar noch positiv gegenüberstellte, hätte er überhaupt Zugang zu der ihm danach dauerhaft verschlossenen Klasse der Arbeiter erhalten wollen? Dass er die Chance in Lassalle durchaus sah, bezeugte wiederum die Tatsache, dass er zwar die politisch hellsichtige Einschätzung durch Hermann Wagener teilte, der über Lassalles aussagte, er sei: „ [...] ein gefährlicher Egoist, mit dem Anstriche eines verstandesmäßigen Sozialisten, der wie die ‚Reaktion' ihn, so seinerseits die Reaktion für seine Zwecke und als Übergangsstadium auszunützen versucht."[148] Wie auch Wagener wollte sich Bismarck aber trotz dieser Einschätzung jede noch so geringe Gelegenheit nicht entgehen lassen, direkten staatlichen Einfluss auf die Arbeiterklasse zu erhalten. Dass das nicht gelang,

---

[145] Zitiert nach: Mommsen, Wilhelm: Bismarck und Lassalle, in: Archiv für Sozialgeschichte, Bd. 3/1963, S. 5.

[146] Zitierte nach: ebd. S. 4.

[147] Zitiert nach: von Bismarck, Otto: Rede des Reichskanzlers Fürst von Bismarck im Deutschen Reichstag (17. September 1878) in: Quellensammlung zur Geschichte der deutschen Sozialpolitik (1867-1881), Abt. 1, Bd. 1, Dokument Nr. 157, S. 531.

[148] Zitiert nach: Kraus, Hans-Christof: a.a.O., S. 555.

lag eben auch an Lassalle, der diese Instrumentalisierungsabsichten durchschaute. Das wurde schon unter Zeitgenossen als eine politische Niederlage Bismarcks gewertet. Nicht zuletzt deshalb blieben die Gespräche mit Lassalle bis zur Aufdeckung durch August Bebel 1878 geheim und bargen eine solche politische Sprengkraft, dass Bismarck im Anschluss an Bebels Rede vor dem Reichstag umgehend dazu Stellung nehmen musste. Besaß Wagener an diesem Fehlschlag nur eine Teilschuld, so trug er als Initiator der „Weber-Audienz" 1864, die in einer direkt vom König finanzierten aber kläglich gescheiterten Produktivassoziation mündete, die Hauptverantwortung.[149] Hatte sich Bismarck hierbei noch unter Beteiligung Lassalles erfolgreich und auf direkte Empfehlung Wageners für eine Gruppe Weber, die eine Petition gegen ihr Entlassung infolge von Lohnforderung beim König vortragen wollten, um eine Audienz beim König bemüht, so konnte er Wilhelm I. im Anschluss daran zusätzlich sogar noch davon überzeugen, Privatmittel für eine als Praxistest gedachte und gegen die kapitalistische Ausbeutung des in der Weber-Audienz betroffenen Unternehmers und liberalen Abgeordneten Leonor Reichenheim gerichtete Produktivassoziation bereitzustellen.[150] Die rasche Pleite dieser Produktivassoziation war dann nicht nur eine politische Niederlage, sie war meiner Ansicht nach auch eine bedeutende Ursache für die strikte Verweigerung Bismarcks bei der späteren Sozialgesetzgebung, umfassend in die innerbetrieblichen Strukturen und Betriebsverfassungen einzugreifen. Im Hinblick auf Wagener hatte dies allerdings keine Auswirkungen, für ihn begann ganz im Gegenteil unter Förderung Bismarcks ein rascher Aufstieg in der preußischen Ministerialbürokratie. Am 2. April 1866 wurde er zum Zweiten Vortragenden Rat im preußischen Staatsministerium ernannt und 1868 setzte Bismarck als Kompensation dafür, dass er ihn bei der Ernennung des Ersten Vortragenden Rates infolge von fehlender Erfahrung als Quereinsteiger noch übergangen hatte, seine Ernennung zum Geheimen Oberregierungsrat durch. Nach einer ministeriellen „Reifephase", die mit einem enormen Rednerpensum im Reichstag des Norddeutschen Bundes in der Zeit zwischen 1867 und 1869 einherging, war Wagener schon einer der Räte, die Bismarck im Deutsch-Französischen Krieg nach Frankreich begleiteten. Am 24. Dezember 1872

---

[149] Vgl.: (ohne Verfasser): Einleitung, in: Quellensammlung zur Geschichte der deutschen Sozialpolitik , S. XXIII-XXIV.
[150] Vgl.: Albrecht, Henning: Die „Nebensonne" in der Pflicht, S. 25.

wurde er dann zum Ersten Vortragenden Rat im Staatsministerium ernannt,[151] hatte dieses Amt aber keine zwei Monate inne, als der Liberale Eduard Lasker, Wageners Insidergeschäfte bei der Gründung der Pommerschen Zentralbahn aufdecke und ihn damit zum Rücktritt zwang. Die gerichtlich auferlegte Kompensationszahlung von 1.600.000 Reichsmark brachte Wagener dann den finanziellen Ruin und machte ihn faktisch vollkommen von Bismarck abhängig. Dieser unterstütze ihn mit Privat- und Staatsmitteln auch dann noch (oder gerade deswegen), als jener 1876 mehrfach androhte, pikante Details aus dem Staatsministerium öffentlich zu machen, sobald die Unterstützung ausbliebe.[152] In seiner sozialpolitischen Argumentation lehnte sich Wagener insgesamt sehr stark an das „soziale Königtum" Lorenz von Steins an und kann frühzeitig auf eine inhaltliche Auseinandersetzung mit dem Thema verweisen. Bereits 1863 nahm er als Justizrat in einer bisher wenig beachteten Denkschrift an Bismarck auf einen nicht überlieferten Gesetzentwurf über die Altersversorgungsanstalt der preußischen Staatsbürger Bezug.[153] Dieser wurde zu jener Zeit unter der Arbeiterschaft breit diskutiert und regte die Errichtung einer Altersversorgungskasse und mehrerer Invalidenkassen an. Von Bedeutung ist die Denkschrift aber vor allem deshalb, weil sie in ihrer Knappheit bereits Konturen und Grundpositionen erkennen ließ, die Wagener mit der Zeit zwar ergänzt und an die jeweiligen politischen Kontexte angepasst hat, die aber in ihren Grundzügen immer wieder zum Vorschein gekommen sind und bereits schon hier in den gleichen Punkten mit Bismarcks späteren Konzeptionen übereinstimmten bzw. abwichen. Auffällig ist dabei auch, dass gerade die kontroversen Punkte genau jene sind, die dann auch bei der Arbeitergesetzgebung vom Reichstag und von der Arbeiterbewegung kritisiert wurden, teilweise im Gesetzgebungsprozess bedeutende Änderungen erfahren haben oder im Nachhinein als Mängel der Sozialgesetzgebung angesehen wurden. Zu nennen ist hier z.B. dass der Staat als alleiniger Träger der Versicherung fungieren sollte, dass entscheidende Zwischeninstanzen fehlten

---

[151] Vgl.: Albrecht, Henning: Die „Nebensonne" in der Pflicht, S. 36.

[152] Vgl. dazu: von Bismarck, Otto: Brief an Wagener: Stellungnahme zu den Folgen der Eisenbahn-Affäre (8. September 1876), in: Milatz, Alfred (Hrsg.): Otto von Bismarck. Werke in Auswahl. Jahrhundertausgabe zum 23. September 1862 (Bd. 5 Erster Teil), Dokument Nr. 400, unveränd. Nachdruck, Darmstadt 2001, S. 718-720.

[153] Wagener, Hermann: Denkschrift für das preußische Staatsministerium (13. Februar 1863), in: Quellensammlung zur Geschichte der deutschen Sozialpolitik (1867-1881), Abt. 1, Bd. 1, Dokument Nr. 2, S. 2-3.

und vor allem dass das Alter für die Pensionsberechtigung viel zu hoch angesetzt wurde, weil ein Großteil der Arbeiter ein solches Alter nie erreichte. Übereinstimmung hingegen lässt sich besonders in Punkten erkennen, die bei Bismarck dann allerdings erst im Zuge des Sozialistengesetzes Relevanz erhielten, so z.B. dass „die Regierung in dieser hochwichtigen Angelegenheit die Initiative ergreifen muss", dass „für den fraglichen Zweck eine Zentralbehörde und ein Zentralinstitut zu schaffen ist" und dass „die Regierung an letzter Stelle die Tätigkeit eines solchen Instituts dirigieren und dessen Präsentationsfähigkeit garantieren muss." [154] Gerade daher gibt dieses Dokument auch Aufschluss darüber, wie sehr sich Bismarck zum Teil an den Vorschlägen Wageners orientierte, als er das Feld der Sozialpolitik für sich politisch entdeckte. Es ist zudem bezeichnend, dass die Konzepte zu diesem Zeitpunkt in Teilen dann schon über 10 Jahre in den Schubkästen lagen. Auf die Frage, was das über das Bewusstsein Bismarcks für die Notwendigkeit sozialpolitischer Maßnahmen und die Soziale Frage allgemein aussagte, muss daher nicht weiter eingegangen werden. Wagener selbst trat nach derzeitigem Quellenstand auch hauptsächlich in zwei weiteren Kontexten sozialpolitisch und in Auseinandersetzung mit der aufstrebenden Arbeiterklasse in Erscheinung. Zum einen verfasste er 1872 eine weitere zentrale Denkschrift an Bismarck und zum anderen zeichnete er als Organisator und Leiter am Zustandekommen sowie den Ergebnissen der preußisch-österreichischen Konferenz über die soziale Frage im gleichen Jahr verantwortlich. In seiner Denkschrift legte Wagener Bismarck unter dem Einfluss des voll entbrannten „Kulturkampfes" offen dar, dass er mit der bisherigen Gesetzgebung nicht zufrieden war. Er analysierte, dass die (katholische - SZ) Kirche der sozialistischen Agitation im Hinblick auf Organisation und „Fanatismus" deutliche überlegen war, was auf politischer Ebene zu diesem Zeitpunkt durchaus noch zutraf und warnte daher eindringlich davor „[...] gleichzeitig den Kampf mit den ultramontanen und der sozialistischen Partei aufnehmen zu wollen und dadurch die Sozialen noch mehr und unwiderruflich in das klerikale Lager zu treiben" um dann fortzufahren: „[...] so halte ich es doch für einen entscheidenden politischen Fehler, die sozialistischen Führer lediglich um ihrer sozialen Bestrebungen willen Ausnahmemaßregeln zu

---

[154] Zitiert nach: ebd.

unterwerfen, und zwar, ohne gleichzeitig irgend etwas Namhaftes zur Befriedigung der berechtigten Bestrebungen ihrer Anhänger zu tun."[155] Dass Wagener sich zu diesem Zeitpunkt bereits umfassend mit der Möglichkeit einer staatlichen Intervention Preußens sowie der Behandlung der Arbeiterfrage in anderen Staaten auseinandergesetzt hatte, wurde daran ersichtlich, dass er das überwiegend liberale Handelsministerium kritisierte und von diesem nicht mehr viel erwartete, da es in einer eigenen Untersuchung zur Sozialen Frage alle sozialpolitischen Folgerungen ausschloss, die nach Ansicht Wageners in England und Amerika als zentrale Mittel zu deren Lösung angewandt wurden.[156] Hier bezog er sich auf eine Denkschrift Dr. Gustav Stüves vom 25. November 1871, der u.a. auf staatliche Maßnahmen verzichten wollte, welche einen Eingriff in die Produktionsbedingungen bedeuteten. Damit waren jedoch faktisch auch alle Arbeitsschutzbestimmungen ausgeschlossen. Insgesamt spiegelte die Denkschrift auch eine ablehnende Haltung gegenüber einem Auftreten des Staates als Unternehmer sowie gegenüber staatlichen Eingriffen in die Lohnregulierung wider. Wagener führte dagegen das Beispiel des neunstündigen Normalarbeitstages in England an und schlug eine durch die Regierung initiierte Untersuchung vor, die durch „größtmögliche Publicität" zu begleiten sei und bei der wichtige Forscher anzuhören sein würden. Eine entsprechende Namensliste mit Wissenschaftlern fügte er dem Anhang bei. Als weitsichtig muss seine weitere Einschätzung angesehen werden, dass dem „katholisch-kirchlichen Gedanken" zu diesem Zeitpunkt nur der „soziale" Gedanke als ebenbürtig gegenübergestellt werden konnte. In der „Wechselwirkung dieser beiden Gedanken" sah er zudem die „nächste Phase der europäischen Geschichte" anbrechen. Reagieren wollte er auf diese Entwicklung mit einer Kommission, die eine Sozialgesetzgebung vorbereiten, einer Ausdehnung der Sachverständigenvernehmung des Handelsministeriums sowie unter Rückgriff auf Gustav von Schönberg, mit der Umsetzung des Fabrikinspektorenwesens bzw. den um ein vielfaches darüber hinausgehenden

---

[155] Zitiert nach: Wagener, Hermann: Denkschrift für den Reichskanzler Otto von Bismarck (29. Januar 1872), in: Quellensammlung zur Geschichte der deutschen Sozialpolitik (1867-1881), Abt. 1, Bd. 1, Dokument Nr. 29, S. 277.
[156] Vgl.: ebd.

„Arbeitsämtern" beginnen sollte. [157] Damit wollte er, unter Erweiterung der Thesen Lorenz von Steins, dem „Sozial-Papst" den „Sozial-Kaiser" entgegenstellen.[158] Dass Wagener dabei insgesamt in sozialpolitischen Dimensionen dachte, die man bei Bismarck vergebens suchte, zeigen die beiden letzten Argumente seiner Ausführungen. So erkannte er im Gegensatz zum Reichskanzler frühzeitig den zunehmenden Massencharakter der Arbeiterbewegung an, um darauf aufbauend dessen Bedeutung für die Armee als einer der wichtigsten Fundamente des Kaiserreiches in seine Analyse einzubeziehen. Mit Blick auf den Kieler Matrosenaufstand vom November 1918 kann man der Logik seiner Argumentation nur zustimmen: „Wohin die Massen sich wenden, wird aber nicht nur allein politisch und parlamentarisch, sondern auch für den Charakter der Armee schließlich von entscheidender Bedeutung sein. Ganz und dauernd zuverlässig wird diese nur dann sein, wenn die Arbeiter, welche das Hauptkontingent liefern, durch die Leistungen des Reiches für die Reichsidee gewonnen und an diese gekettet werden." [159] Als Bismarcks Spezialist für die Soziale Frage, profilierte sich Wagener dann vollends während der Berliner Konferenz vom 7. Bis 29. November 1872, bei der Vertreter der deutschen und österreichisch-ungarischen Regierung auf Anregung Wageners die Soziale Frage erstmals umfassend im europäischen Kontext erörterten und dabei ihr Handeln abstimmten. [160] Wagener, der die Konferenz nicht nur vorbereit und dann als Vorsitzender geleitet hat, brillierte dabei sowohl durch sein ausgeprägtes Spezialwissen, als auch durch seine geschickte Moderation, welche sich in dem angefertigten Protokoll in einer ausgewiesenen Balance zwischen Gesprächslenkung und notwendiger Zurückhaltung widerspiegelte. Auffällig war dabei auch die ungemein klare Struktur der Themensetzung, die trotz der enormen Bandbreite noch heute einen einmaligen Einblick in das

---

[157] Quellen Abt. 1. Bd. 1 Nr. 88 S. 258-259 und Nr. 94 S. 278 sowie Nr. 100 S. 300 „Der Staat darf keine Industrie treiben" sagt Manchester. Der Staat und nur der Staat muß die Industrie treiben und leiten", sagen die Sozialisten. „Der Staat kann und muß unter Umständen Industrie treiben", sagen wir; also ein gemischtes Sytsem [...]" Zum Konzept der Arbeitsämter, welches ein umfassendes Einblicksrecht in die Lebensverhältnisse und damit insbesondere in die Unternehmerrechte verlangte vgl.: von Schönberg, Gustav Friedrich: Arbeitsämter, eine Aufgabe des Deutschen Reiches (1871), in: Schraepler, Ernst (Hrsg.): Quellen zur Geschichte der sozialen Frage in Deutschland. 1871 bis zur Gegenwart, Dokument Nr. 5, 3. erw. Aufl., Göttingen /Zürich 1996, S. 58-66.

[158] Vgl.: Wagener, Hermann: Denkschrift für den Reichskanzler Otto von Bismarck (29. Januar 1872), in: Quellensammlung zur Geschichte der deutschen Sozialpolitik (1867-1881), Abt. 1, Bd. 1, Dokument Nr. 29, S. 278-279.

[159] Zitiert nach: ebd. S. 279.

[160] Vgl.: Albrecht, Henning. a.a.O., S. 35-36.

Denken beider Regierungen ermöglicht. Deutlich wurde dabei auch wieder die breite Dimension in der Wagener die Arbeiterfrage thematisiert wissen wollte. Dafür änderte er sogar eigenständig das eigentliche Hauptthema der Konferenz, welches ursprünglich in einer reinen Auseinandersetzung mit der Internationale bestand, dahingehend ab, dass diese jetzt nur als ein Bestandteil der Sozialen Frage erörtert werden sollte und letztere ins Zentrum der Konferenz rückte. Thematisch kann man mit der „Hebung der Bildung in den arbeitenden Klassen", der „Munizipalverfassung", der „Beschränkung der Freizügigkeit nach den Hauptstädten", der „Wohnungsfrage" und „dem Streben der Arbeiter nach Selbständigkeit" insgesamt fünf zentrale Oberthemen der Konferenz erkennen, wobei allein unter dem letzten Punkt zu elf separaten Unterthemen Stellung genommen wurde, darunter so gewichtige Bereiche wie das Kassenwesen, die Gewerkvereine, die Frauen- und Kinderarbeit, die Schiedsgerichte, die Lage der ländlichen Arbeiter, das Koalitionswesen inklusive Streiks und nicht zuletzt die „Vereins- und Preßgesetzgebung". Das Protokoll zu den dreizehn Sitzungstagen fasste Wagener anschließend zu einem Promemoria zusammen, welches in der Quellensammlung zur Geschichte der deutschen Sozialpolitik inklusive wissenschaftlichem Apparat allein schon 50 Seiten umfasst.[161] Bedeutend sind das Protokoll und das Promemoria auch nicht nur, weil sie widerspiegeln worüber gesprochen wurde, sondern auch deshalb, weil sie aufzeigen worüber durch zwei Vorabausschlüsse der preußischen Regierung nicht diskutiert werden sollte. Da es sich dabei neben der „wissenschaftlichen Kontroverse über den Streit mit den Sozialisten" auch um die „Erörterung über die Bedingungen der wirtschaftlichen Produktion und der Kapitalbildung" handelte, liegt der Verdacht nahe, dass diese auf die persönliche Anweisung Bismarcks von der Konferenz ausgenommen wurden. Beides sind Themen, die während der gesamten Sozialgesetzgebung von ihm tunlichst vermieden wurden. Dass Wagener diese Weisung gegen die eigene Überzeugung umsetzte, macht verständlich wie ernst Bismarck die Aussage in einem Brief an Wagener war: „Sie sind der Einzige in meiner Umgebung, mit dem ich rückhaltlos offen mich ausspreche, und wenn ich das nicht mehr kann,

---

[161] Vgl.: Wagener, Hermann: Promemoria über die preußisch-österreichische Konferenz zur sozialen Frage (15. Dezember 1872), in: Quellensammlung zur Geschichte der deutschen Sozialpolitik (1867-1881), Abt. 1, Bd. 1, Dokument Nr. 120, S. 380-431.

so ersticke ich an meiner Galle."[162] und warum er ihn nach dessen Rücktritt 1973, im Gespräch mit von Diest so vehement mit den Worten verteidigte: „Wagener, [...] ist ein armer, von der Regierung aufs schmählichste verlassener Mann – ein Mann, dessen Taten ich nicht alle vertreten will [...] der aber höchstens das getan hat, was Hundert und Aberhunderte in allen Ehren stehende Männer auch getan haben. [...] ich habe mit aller Absicht in Uniform am hellen Tage vor allen Leuten ihm meinen Besuch gemacht [...]."[163] Insgesamt hat Wagener mit seinen Denkschriften zur staatlichen Sozialpolitik und mit der Berliner Konferenz konservative Pionierarbeit in diesem Politikfeld geleistet. Er hat Bismarck damit auch bereits zu einer Zeit mit der Sozialen Frage konfrontiert und gleichzeitig politische Lösungsvorschläge angeboten, als dieser noch nicht einen Gedanken an die Notwendigkeit staatlicher Intervention verschwendet hat. Als Bismarck das Thema dann zaghaft anging, brauchte er nur die alten Denkschriften von Wagener hervorholen.

5.2. Theodor Lohmann – Sozialpolitischer Realismus als christliche Mission

Vor und erst recht nach dem Rücktritt Hermann Wageners prägte mit Theodor Lohmann ein Ministerialbeamter die Sozialgesetzgebung unter Bismarck wie kein anderer. Einen guten Überblick dieser beeindruckenden Beamtenkarriere gibt an dieser Stelle Florian Tennstedt: „Theodor Lohmann war in der preußischen Ministerialbürokratie und der obersten Reichsverwaltung über dreißig Jahre mit der gewerblichen Arbeiterfrage befasst, knapp zwanzig Jahre davon entfallen auf die sog. Bismarckzeit. Aber nur drei Jahre – vom September 1880 bis zum Oktober 1883 – stand er als Mitarbeiter im Gesichtskreis Bismarcks. In diesen wirkte er als Vortragender Rat und Geheimer Oberregierungsrat in der II. Abteilung des Reichsamts des Innern, die fast ausschließlich mit sozialpolitischen Aufgaben beschäftigt war. Hier war er Referent unter den Abteilungsdirektoren Rudolf Jacobi und Robert Bosse,

---

[162] Zitiert nach: von Bismarck, Otto: Brief an Hermann Wagener (27. Februar 1872), in: Milatz, Alfred (Hrsg.): Otto von Bismarck. Werke in Auswahl. Jahrhundertausgabe zum 23. September 1862 (Bd. 5 Erster Teil), Dokument Nr. 99, unveränd. Nachdruck, Darmstadt 2001, S 169.
[163] Zitiert nach: von Bismarck, Otto: Gespräch mit Gustav von Diest (19. März 1873), in: Milatz, Alfred (Hrsg.): Otto von Bismarck. Werke in Auswahl. Jahrhundertausgabe zum 23. September 1862 (Bd. 5 Erster Teil), Dokument Nr. 180, unveränd. Nachdruck, Darmstadt 2001, S. 314.

außerdem wurde er im April 1881 preußischer Bevollmächtigter zum Bundesrat. Abteilungsdirektor und dann Unterstaatssekretär im preußischen Handelsministerium wurde er erst nach Bismarcks Sturz im März 1890."[164] Auf Grund dieser umfassenden ministeriellen Tätigkeit und des dadurch vorhandenen Quellenmaterials wäre allein schon der Versuch das Wirken Lohmanns im Rahmen einer solchen Arbeit erschöpfend zu reflektieren von Beginn an ein aussichtsloses Ansinnen. Ich möchte mich daher auf nachfolgende Punkte beschränken. Zum einen soll das im Hinblick auf Bismarck grundverschiedene Verständnis der Arbeiterfrage kenntlich gemacht und dabei nach dessen Ursprung gefragt werden und zum anderen soll untersucht werden, inwiefern Lohmann als ein eigenständiger Akteur der Sozialgesetzgebung im Kaiserreich angesehen werden kann. Grundsätzlich ist er meiner Meinung nach dabei nicht nur als eine der faszinierendsten Persönlichkeiten innerhalb des gewählten Themenkomplexes anzusehen, sondern auch als Sinnbild für einen neuen Typus des preußischen Ministerialbeamten, dem zu dieser Zeit der Aufstieg in einflussreiche Positionen innerhalb der innenpolitisch bedeutenden Ministerien, mit Blick auf die Sozialgesetzgebung also insbesondere innerhalb des Handels- und des Staatsministerium, gelang. Kennzeichnend für diesen neuen Beamtentypus war eine umfassende gesellschaftswissenschaftliche Bildung, die sowohl ökonomische, soziologische, historische, religiöse und philosophische Kenntnisse umfasste und die den Staat und die Gesellschaft aus gänzlich anderen Perspektiven betrachtete und analysierte als das z.B. Bismarck selbst tat. Dank der exzellenten Studie von Renate Zitt,[165] darf man Lohmann zudem als einen tief im protestantischen Christentum verwurzelten liberal-konservativen Beamten bezeichnen, der gesellschaftlich, politisch und institutionell so gut und so weit vernetz war, dass seinem gesetzgeberischen Wirken eine geistige Bandbreite zugrunde lag, die ihresgleichen suchte und die damit hauptsächlich für die zentralen Charakterzuschreibungen von Zeitgenossen und Historikern verantwortlich ist. Zum einen konstatierte schon

---

[164] Zitiert nach: Tennstedt, Florian: Theodor Lohmann. Gesetzgebungskunst im politischen Prozesse, in: Gall, Lothar / Lappenküper, Ulrich (Hrsg.): Bismarcks Mitarbeiter, Paderborn 2009, S. 91.
[165] Zitt, Renate: Zwischen Innerer Mission und staatlicher Sozialpolitik. Der protestantische Sozialreformer Theodor Lohmann (1831-1905), Heidelberg 1997.

Robert Bosse Lohmann eine persönliche Unbequemheit und Eigensinnigkeit,[166] die man meiner Ansicht nach heute aber eher als Anzeichen dafür sehen muss, dass jener sich nicht nur seines außerordentlichen Intellekts, sondern auch seiner Fähigkeit bewusst war, gesellschaftlich-politische Prozesse wie mit einem Seziermesser in ihre einzelnen Kausalursachen zerlegen und sie bei Bedarf, Gesprächspartnern oder Briefkontakten in wenigen Sätzen prägnant zusammengefügt darlegen zu können. So schrieb er Rudolf Friedrichs mit Blick auf die ersten ansatzweisen sozialpolitischen Initiativen Bismarcks: „Man will etwas thun [...], aber man weiß schlechterdings noch nicht, was; und noch weniger, daß die sociale Frage ihre relative Lösung nicht durch einzelne directe Maaßregeln, sondern nur durch eine Reform unserer ganzen Staats- und Gesellschaftsordnung finden kann. [...] schwerlich wird man in der Erkenntnis auch nur soweit gelangen, einzusehen, daß ein so durch und durch vom Militarismus durchsäuchter Staat nicht das Zeug hat, die sociale Frage energisch anzugreifen. Inmittelst bietet sich mir der erwünschte Anlaß, mich in allen einschlagenden Fragen mal wieder sattelfest zu machen, was sehr nöthig war, da ich mich täglich wundern muß, in wie viel stärkeren Fluß die Sache gekommen, seitdem ich aus mangel an der betreffenden Literatur mich nicht mehr eingehend darum habe kümmern können."[167] Aus dieser Fähigkeit zur Zuspitzung dürfte vor allem auch die Fähigkeit entsprungen sein, hochkomplexe Gesetzesentwürfe binnen kürzester Zeit auszuarbeiten und diese bei Bedarf in eben solcher Geschwindigkeit abzuändern und anzupassen. Bei weitem dienlicher waren Lohmann aber noch sein angelesenes Wissen und das durch persönliche Kontakte geknüpfte Netz von Beziehungen, welches ihm verschiedenste Blickweisen auf die sozialen Probleme ermöglichte. Neben den Schriften von Karl Marx und Albert Schäffle las Lohmann, noch umfangreicher als Hermann Wagener, insbesondere Lorenz von Stein, den er zudem persönlich kannte und mit dem er auch im Briefwechsel stand.[168] Entgegen der Ansichten Steins, befürwortete Lohmann aber einen Versicherungszwang, der

[166] Vgl.: Bosse, Robert: Tagbucheintrag (12. September 1878), in: Quellensammlung zur Geschichte der deutschen Sozialpolitik (1867-1914), Abt. 1, Bd. 1, Dokument Nr. 154, S. 514-515.

[167] Zitiert nach: Lohmann, Theodor: Brief an Ernst Wyneken (26. Dezember 1871), in: Machtan, Lothar (Hrsg.): Mut zur Moral. Aus der privaten Korrespondenz des Gesellschaftsreformers Theodor Lohmann, Bd. 1, Dokument Nr. 198, Bremen 1995. S. 325 .

[168] Vgl.: Zitt, Renate: Zwischen Innerer Mission und staatlicher Sozialpolitik. Der protestantische Sozialreformer Theodor Lohmann (1831-1905), Heidelberg 1997, S. 225.

den pädagogischen Zweck der staatlichen Sozialversicherung garantieren sollte. Stein lehnte dies ab und bestand auf das Subsidiaritätsprinzip, wonach der Staat nur denjenigen helfen sollte, die nicht mehr in der Lage waren sich selbst zu helfen. Auch von der Auffassung Steins, dass die sozialgesetzgeberischen Maßnahmen nur innerhalb der bestehenden Gesellschaftsform umgesetzt werden konnten, wich Lohmann ab. In seinen Augen stellten gerade sie die Voraussetzung für eine Gesellschaftsreform dar. Zentrale Bedeutung erhielt dabei das organisierte Vereinswesen, welches für die Ausbildung von selbstmündigen Arbeitern elementar war und daher auch Anwendung in den Versicherungskonzeptionen fand. [169] Eine rein vom Staat finanzierte Versicherung verneinte er ebenso, wie eine säkulare Gesellschaft. Ziel und Zweck der sozialen Maßnahmen war bei Lohmann immer auch eine christliche Durchdringung der Gesellschaft mit Hilfe des Staates. Die Soziale Frage war für ihn dabei eine „Kulturfrage", die vom Staat durch eine „versöhnende Arbeiterpolitik" gelöst werden musste und damit den Dreiklang von Christentum, Kultur und geschichtlicher Entwicklung zu garantierten hatte.[170] Dass in einem solchen Verständnis kein Platz für revolutionäre Utopien war, die auch bei ihm als Sinnbild für eine Entchristlichung der Lebensverhältnisse schlechthin angesehen wurden, ist müßig zu erwähnen. Seinen Ursprung fand diese Auffassung in der maßgeblich von Johann Hinrich Wicher geprägten „Inneren Mission", mit deren Anliegen sich Lohmann seit seiner Jugend beschäftigte. Sie strebte innerkirchlich eine Hinwendung der Christen zur Sozialen Frage an und bemühte sich um eine konfessionelle Antwort auf deren Folgen. Damit zielte sie zudem unmittelbar darauf ab, insbesondere unter der Arbeiterbewegung wieder missionarischen Boden gutzumachen.[171] Die Arbeiterbewegung sollte dabei allerdings nicht wie im Konzept Bismarcks durch allein vom Staat gewährte Mittel diszipliniert, sondern am Prozess der „Kulturentwicklung des Reich Gottes" aktiv beteiligt werden.[172] Konnte Lohmann solche Ansichten infolge seiner Stellung und der Verpflichtung auf die Regierungslinie oft nicht selbst äußern, so lancierte er diese auf Grund großer sozialpolitischer

---

[169] Vgl.: ebd. S. 238.
[170] Vgl.: ebd. S. 239.
[171] Vgl.: Wichern, Johann Hinrich: Die Mitarbeit der evangelischen Kirche an den sozialen Aufgaben der Gegenwart, in: Quellensammlung zur Geschichte der deutschen Sozialpolitik (1867-1881), Abt. 1, Bd. 8, Dokument Nr. 28, S. 180-189.
[172] Vgl.: Zitt, Renate: Zwischen Innerer Mission und staatlicher Sozialpolitik, S. 243.

Übereinstimmung mit dem Zentrum in Form von anonymen Veröffentlichungen und fertigen Gesetzenzwürfen über den Reichstagsabgeordneten Graf Freiherr von Hertling.[173] Zudem arbeitete er seit 1880 auch im Honoratiorengremium des Central-Ausschusses für Innere Mission an sozialpolitischen Konzepten, die der Regierungsauffassung häufig entgegenstanden.[174] Aktiv war Lohmann auch in zahlreichen weiteren Gremien und Institutionen, so u.a. in der „Gesellschaft zur Beförderung des Christentums unter den Juden" und in der „Gesellschaft zur Beförderung der Evangelischen Missionen unter den Heiden". In ersterer traf er u.a. auf Adolf Stoecker, dessen antisemitischer „Berliner Bewegung" er jedoch ablehnend gegenüberstand. Beispielhaft für die enge Vernetzung Lohmanns sind darüber hinaus auch die sogenannte „Mittwochsgesellschaft", die „Staatswissenschaftliche Gesellschaft" in Berlin, deren Mitbegründer er sogar war sowie der „Centralverein für das Wohl der arbeitenden Klasse". Die „Mittwochsgesellschaft" war dabei ein informelles „Herrenkränzchen", welches regelmäßig bei dem Senatspräsidenten des Kammergerichts Heinrich Rathmann zusammenkam und überwiegend aus einem erlesenen Kreis hoher Beamter bestand. Hier traf Lohmann Persönlichkeiten wie den schon genannten Rudolf Jacobi (später auch Unterstaatssekretär im preußischen Handelsministerium), Wilhelm von Meyeren (Senatspräsident des Verwaltungsgerichts) und Karl von Westhoven (Oberkonsistorialrat und Mitglied des Evangelischen Oberkirchenrates). [175] In der Staatswissenschaftlichen Gesellschaft" und im „Centralverein für das Wohl der arbeitenden Klasse" kam Lohmann mit vielen Größen der Kathedersozialisten in Kontakt und zählte insgesamt Albert Schäffle, Gustav Schmoller, Lujo Brentano und Adolph Wagner zu seinem beruflichen oder privaten Umfeld.[176] Darüber hinaus traf er in diversen Regierungskonferenzen auch auf den Reichstagsabgeordneten und Industriellen Carl Ferdinand Freiherr von Stumm-Halberg. [177] Insgesamt war Lohmann somit binnen weniger Jahre, faktisch sogar binnen weniger Monate,

---

[173] Vgl.: Zitt, Renate: Soziale Frage als Kulturfrage – Theodor Lohmann und sein Modell einer gesellschaftlichen Diakonie im Kaiserreich, in: Friedrich, Norbert / Jähnichen Traugott (Hrsg.): Sozialer Protestantismus im Kaiserreich. Problemkonstellationen – Lösungsperspektiven – Handlungsprofile, München 2005, S. 132.

[174] Vgl.: ebd. S. 130-132.

[175] Vgl.: Zitt, Renate: Zwischen Innerer Mission und staatlicher Sozialpolitik, S. 246.

[176] Vgl. ebd.: S. 234.

[177] Vgl.: von Bismarck, Otto: Erlaß des Reichskanzlers (8. März 1880), in: Quellensammlung zur Geschichte der deutschen Sozialpolitik (1867-1881), Abt. 1, Bd. 2, Dokument Nr. 49, 149-152.

der im Bereich Sozialgesetzgebung neben Wagener erfahrenste Ministerialbeamte unter Bismarck. Dass er wie kein anderer für diesen Tätigkeitsbereich prädestiniert war wird deutlich, wenn man allgemein herausarbeitet, welche Anforderungen und welche Unwägbarkeiten in einem Ministerium unter Bismarck zu dieser Zeit zu bewältigen waren. Als eine entscheidende Voraussetzung der Beamten die mit der Sozialgesetzgebung befasst waren, muss dabei die Fähigkeit angesehen werden, sich nicht nur inhaltlich in ein bis dahin unbekanntes und hochkomplexes Politikfeld einzuarbeiten, sondern mit ihrem Wissen und ihren Initiativen auch Unterstützung bei anderen Ministerien, einzelnen Beamten, Politikern oder sonstigen einflussreichen Persönlichkeiten zu suchen und zu finden. Erschwert wurde das vor allem durch die bereits erwähnte Anordnung Bismarcks, dass Minister, Räte und Staatssekretäre in Preußen und im Deutschen Kaiserreich ohne sein Wissen nicht selbst aktiv werden durften.[178] Dies hatte zur Folge, dass die thematische Behandlung der Sozialen Frage innerhalb der Bürokratie faktisch vom Verhältnis des jeweiligen Beamten zum Ministerpräsidenten bzw. Reichskanzler abhängig wurde. Die weitreichende Bedeutung dieser strikten Bindung der Fachministerien bzw. Reichsämter an Bismarck lag nun darin begründet, dass die persönlichen Animositäten des Reichskanzlers oder zu weitreichende Forderungen der leitenden Beamten, welche umgehend zu ersteren führen konnten, dafür verantwortlich waren, dass sich nicht nur daran orientiert werden musste was sozialpolitisch sinnvoll, sondern was mit Blick auf Bismarck überhaupt umsetzbar war. Das wiederum knüpfte die thematische Behandlung der Sozialen Frage aber an die weitere Bedingung, dass der jeweilige Beamte die Fähigkeit besitzen musste, sein Wissen und seine Konzepte so an seine Vorgesetzten bzw. direkt an Bismarck heranzutragen, dass letzterer sie auch in seine eigenen politischen Gedanken integrieren wollte. Eine indirekte Lancierung über den Reichstag, wie im Falle Hertlings, konnte die Chance auf Umsetzung dabei deutlich erhöhen. Erst hier wird sichtbar, welchen Stellenwert die persönlichen Kontakte Lohmanns für die

---

[178] Anm.: Da Lohmann sich dessen im Gegensatz zu seinem direkten Vorgesetzten dem Handelsminister Hofmann bewusst war, hat er weitreichende Gesetzentwürfe immer über letzteren an Bismarck herangetragen. Nach seinem Referentenentwurf für ein neues Haftpflichtgesetz vom 2. Juli 1880, wurde Hofmann dann strafversetzt, da er Bismarck übergangen hat. Der Entwurf ist abgedruckt unter: Quellensammlung zur Geschichte der deutschen Sozialpolitik (1867-1881), Abt. 1, Bd. 2, Dokument Nr. 62, S. 177-187.

Gesetzgebung besaßen. Konkreten Einfluss übte er dabei allerdings nicht erst auf die ihm zurecht zugeschriebene Umsetzung der Krankenversicherung 1883 aus, sondern auf alle wichtigen Gesetzesvorlagen, die nach dem Reichshaftpflichtgesetz von 1871 bis zu seinem Bruch mit Bismarck 1883, in den Bereich Sozial- und Arbeitergesetzgebung fielen, so insbesondere bereits auf die Hilfskassengesetzgebung von 1876, welche Bismarck als erste Krankenversicherungsgesetzgebung passieren ließ und auch durch umfassende Gesetzentwürfe zum Arbeiterschutz auf die Gewerbegesetznovelle von 1878.[179] War er beim Unfallversicherungsgesetz 1884 nur an den ersten beiden, der insgesamt drei Vorlagen beteiligt, so darf man die gesetzgeberische Umsetzung der Krankenversicherung 1883 als sein Meisterstück ansehen, da er deren Notwendigkeit indirekt und in krankheitsbedingter Abwesenheit von Bismarck in die zweite Vorlage zur Unfallversicherung integriert hatte. Spätestens an dieser Stelle wird deutlich, dass die üblichen Zäsuren der staatlichen Sozialgesetzgebung des Kaiserreiches, ob sie nun beim Sozialistengesetz 1878, bei der Kaiserlichen Botschaft Wilhelm I. 1881 oder bei den Entwürfen für die Unfall- bzw. für die Krankenversicherung 1883/84 gesetzt werden, allesamt zu kurz greifen. Jegliche Analyse der staatlichen Sozialgesetzgebung im Kaiserreich muss meiner Meinung nach zwingend mit der Haftpflichtversicherung 1871 einsetzen, denn bereits ihre Mängel, verbunden mit der wirtschaftlichen Krise nach 1873, mobilisierten nicht nur die Arbeiterbewegung, sondern auch eine von protestantisch-sozialethischen Normen geprägte Ministerialbeamtenschaft. Es verwundert daher auch nicht, wenn Lohmann bereits im April 1872 und damit nur sechs Monate nach seinem Dienstantritt im preußischen Handelsministerium eine umfassende Skizze für sein Programm einer versöhnenden Arbeiterpolitik entworfen hat,[180] welche bereits alle Fragen umfassend thematisierte, die mehr als zehn Jahre später und auf Betreiben Bismarcks selbst dann nur teilweise oder in deutlich abgeschwächter Form, in Gesetze gegossen wurden. So kritisierte er das fehlende Wissen über den Umfang der Sonntags-, Kinder- und Frauenarbeit und das Fehlen von Statistiken, die eine Übersicht über die Unfälle in

---

[179] Vgl.: Tennstedt, Florian: Theodor Lohmann, S. 97.
[180] Vgl.: Lohmann, Theodor: Aufzeichnung des Regierungsrates Theodor Lohmann (20. April 1872), in: Quellensammlung zur Geschichte der deutschen Sozialpolitik (1867-1881), Abt. 1, Bd. 1, Dokument Nr. 99, S. 287-291.

gewerblichen Betrieben geben könnten. Er warf entsprechend die Frage auf, inwiefern die Gesetze den tatsächlichen Verhältnissen entsprachen oder ob diese nicht einer Anpassung bedurften. Diesen Punkten fügte er auch die Thematik der jugendlichen Arbeiter und die Frage nach Einrichtungen zum Schutze der Gesundheit hinzu. Ergänzend brachte er eine verbindliche Schadensersatzregelung bei Unfällen ins Spiel und wandte dann seinen Blick den Behörden und den Fabrikinspektoren zu. Im Hinblick auf Maßregeln zur Hebung der Arbeiterklasse, ging er dann näher auf die Bedeutung des Schulunterrichtes ein, nahm die Unternehmer in die Pflicht und konstatierte, dass die vorhandene Gesetzgebung unhaltbar sei. Im Anschluss daran fasste er den Stand der einzelnen Kassenarten zusammen und schilderte die Probleme bei einer Umsetzung der Invaliden- und Altersversicherung. Nachdem er auch die Gewerkvereine behandelt hatte, erörterte er aus seiner Sicht die Belange der Arbeiterfrage und die Stellung des Staates zu selbiger.[181] Insgesamt kann man daraus folgern, dass für Lohmann die Lösung der Arbeiterfrage und der Sozialen Frage insgesamt in einem untrennbaren Zusammenhang mit allen Teilbereichen der staatlichen Sozialgesetzgebung standen und diese in seinen Augen folglich auch umfassend realisiert werden musste. Sein Bestreben, die eigenen Ideen auf verschiedensten Wegen in die jeweiligen Gesetzgebungsprozesse einzubringen, machte ihn zu einem zentralen Akteur der staatlichen, sozialpolitischen Intervention im Deutschen Kaiserreich und verlieh den Gesetzen teilweise ihren entscheidenden Charakter.

6. Der Einfluss der Wirtschaft auf die Sozialpolitik im Deutschen Kaiserreich

6.1. „Herr im Haus-Standpunkt" und wirtschaftspolitische Konzentration

Mit dem Einsetzen der Industrialisierung und der Herstellung von Waren in Fabriken entstand auch in Deutschland der neue Gesellschaftstypus des Unternehmers. Dieser fand seine Vorläufer in den Kaufleuten des Mittelalters und den frühneuzeitlichen Bankiers aus Oberitalien. Seine zentrale Aufgabe

---

[181] Vgl.: ebd. 292-295.

war das Treffen strategisch, wichtiger Entscheidungen für sein Unternehmen, wobei er vor der Schwierigkeit stand, eine große Anzahl an Personen, mit einer noch größeren Menge an Kapital im Rahmen neuartiger Technologien produktiv miteinander verbinden zu müssen. Das war an sich nicht grundsätzlich neu, neu war jedoch, dass dieses Aufgaben konzentriert an einer Stelle, dem Industriebetrieb auftraten und unter Konkurrenzbedingungen sowie gegenüber einem anfangs wenig industriefreundlichen Staat gelöst werden mussten.[182] Der Unternehmer selbst zählte in ökonomischer Hinsicht und Lebensweise zum Bürgertum des 19. Jahrhunderts, wobei die Grenze zwischen reinem Besitz- und Bildungsbürgertum teilweise fließend war. Grundsätzlich unterschied sich dieser „Bourgeois" aber von dem Stadtbürger des 18. Jahrhunderts, da seine Interessen und die großgewerblich-kapitalistischen Unternehmungen nur gegen die Regeln der Zünfte und oft mit Hilfe von Sonderrechten durchgesetzt werden konnten. Zudem reichte seine Tätigkeit erst über die Stadtgrenzen und später dann auch über die Staatsgrenzen hinaus.[183] Der Begriff des Unternehmers inkludiert auch eine branchengeneralisierende und auf Leistungsfunktion abzielende Konzentration, die als solche ebenfalls erst ein Ergebnis der fortschreitenden Industrialisierung war. Zentrales Merkmal des Unternehmers war und ist noch heute das Eigentum an den Produktionsmitteln.[184] Überwiegend kennzeichnend war ein paternalistischer Führungsstil, der seine Anleihen aus tradierten Rollenbildern in Gesellschaft, Politik, Militär und zunftgebundener Wirschaft nahm und diese auf die interne Unternehmensstruktur übertrug. Zudem wirkte anfangs auch das Bild der Hausgemeinschaft und des Handwerksmeisters weiter, in dessen Haus die Gesellenhilfen und später Lehrlinge Aufnahme fanden und sich diszipliniert unter- und einzuordnen hatten.[185] Gleichzeitig hatte dafür der „Fabrikherr" aber

---

[182] Vgl.: Pierenkemper, Toni: Unternehmensgeschichte. Eine Einführung in ihre Methode und Ergebnisse. (Grundzüge der modernen Wirtschaftsgeschichte Bd. 1), Stuttgart 2000, S. 185 und Borchardt, Knut: Die industrielle Revolution in Deutschland 1750-1914, in: Cipolla, Carlo M. / Borchardt, Knut: Europäische Wirtschafsgeschichte (Bd. 4). Die Entwicklung der industriellen Gesellschaften, Stuttgart 1985, 150-153.
[183] Vgl.: Pierenkemper, Toni: Unternehmensgeschichte. Eine Einführung in ihre Methode und Ergebnisse. (Grundzüge der modernen Wirtschaftsgeschichte Bd. 1), Stuttgart 2000, S. 185 sowie Kocka, Jürgen: Bürger und Bürgerlichkeit im Wandel, in: APuZ, 9-10/2008, S. 3-8.
[184] Vgl.: Wischermann, Clemens / Nieberding, Anne: Die institutionelle Revolution. Eine Einführung in die deutsche Wirtschaftsgeschichte des 19. und frühen 20. Jahrhunderts, Wiesbaden 2004, S. 79.
[185] Dass das Hierarchieverhältnis zwischen mittelalterlichem Meister und Lehrling auch die Fabriken der Industrialisierungszeit überdauert hat, wird in dem unscheinbaren Sprichwort „Lehrjahre sind keine Herrenjahre" deutlich.

zumindest theoretisch die Fürsorgepflicht für seine Beschäftigten.[186] Diese hatte allerdings enge Grenzen und ihre wichtigsten Punkte so z.B. die präventive Unfallverhütung, fielen infolge fehlender umfassender Gesetzesregelungen meist dem einseitig, patriarchalischen Selbstverständnis der Unternehmer zum Opfer.[187] Sie sahen in den Arbeitern, Vorarbeitern und oft auch in den leitenden Angestellten überwiegend nur das, was später durch den modernen betriebswirtschaftlichen, aber dadurch nicht weniger entwürdigenden Begriff „Humankapital" versinnbildlicht wurde. Da auch die staatlichen sozialpolitischen Maßnahmen den Bereich der Betriebsverfassungen insbesondere auf Betreiben Bismarcks umgingen, [188] endete die Wirksamkeit der sozialstaatlichen Intervention bis 1890 meist an den geschlossenen Werkstoren. Dass der Reichskanzler, entgegen immer wieder anderslautender Argumentationen, in diesem für das Elend der Arbeiterbewegung so ursächlichen Punkt bis zum Ende jegliches Verständnis vermissen ließ, zeigt ein Bericht des sächsischen Gesandten Graf Hohenthal. Hierin übermittelte dieser dem sächsischen Staatsministerium am 30. Januar 1890 und damit nur zwei Monate vor Bismarcks Rücktritt: „Auf die Arbeiterschutzanträge eingehend, sagte mir der Kanzler, er habe von jeher die Anschauung vertreten, daß derartige Gesetze, die man eigentlich Arbeiterzwangsgesetze nennen müsse und als Arbeiterschutzgesetzte nur dann bezeichnen könne, wenn man damit ausdrücke, daß man die Arbeiter vor sich selbst beschützen wolle, nichts taugen, daß sie nicht versöhnend wirken würden, daß sie die vorhandenen Gegensätze verschärfen und last not least einen Beweis dafür liefern würden, daß die Regierungen sich der Sozialdemokratie gegenüber für schwach hielten." [189] Damit entsprach Bismarck vollkommen der sozialpolitischen Zielstellung der Großindustriellen, welche in Anlehnung an den Aufruf „An die Arbeiter der Gußstahlfabrik" vom 25. Juli 1872 durch Alfred Krupp als „Herr-im-Haus-Standpunkt" in die Geschichte eingegangen ist. Krupp hatte darin

---

[186] Wischermann, Clemens / Nieberding, Anne, a.a.O., S. 98 f.

[187] Die zuvor angeführten theoretischen Auseinandersetzungen wurden bereits im Rahmen einer Hausarbeit für das Hauptseminar „Soziale Frage und Sozialpolitik in Deutschland im 19. und 20. Jahrhundert" entwickelt und in leicht abgewandelter und ergänzter Form übernommen, da sie für das Verständnis der weiteren Ausführungen unerlässlich sind.

[188] Inwieweit das auf Initiativen der Unternehmer zurückzuführen war, wird nachfolgend thematisiert.

[189] Zitiert nach: von Bismarck, Otto: Gespräch mit dem sächsischen Gesandten Graf Hohenthal (30. Januar 1890), in: Milatz, Alfred (Hrsg.): Otto von Bismarck. Werke in Auswahl. Jahrhundertausgabe zum 23. September 1862 (Bd. 7), Dokument Nr. 278, unveränd. Nachdruck, Darmstadt 2001, S. 743.

festgestellt: „Nichts, keine Folge der Ereignisse wird mich veranlassen, mir irgend etwas abtrotzen zu lassen, - mit der Versicherung, daß ich in meinem Hause wie auf meinem Boden Herr sein und bleiben will."[190] Wie er das sicherstellen wollte, hatte er bereits im Jahr zuvor schon seinem Bruder Friedrich geschrieben: „[...] Ich empfehle daher die äußerste Vorsicht in Kontrolle des Verhaltens der Arbeiter und Meister und jeden sofort herauszuschmeißen, der Miene macht, sich zu beteiligen bei irgendeinem Verband, der feindlich ist gegen Arbeitgeberkapital. [...] Es ist zeitig ohne Ansehen der Stellung alles auszumerzen, was nicht zuverlässig, fleißig, solide, moralisch und treu ist."[191] An seine Prokura richtete er 1883 schließlich die Worte: „Wir können nur prosperieren bei militärischer Ordnung und steter Kontrolle, die durch Bestimmungen für alle Zeiten eingeführt werden muss."[192] Im Gegensatz zu Bismarck hatte Krupp jedoch verstanden, dass man den Arbeitern auch in zentralen Forderungen entgegenkommen musste, auch wenn dies unorthodoxer Maßnahmen bedurfte. Hier wurde neben dem patriarchalischen Fürsorgeverständnis ein Restbezug zur gesellschaftlichen Realität deutlich, der den neuen Gesellschaftstypus des Unternehmers von der politischen Führungselite des Deutschen Kaiserreiches unterschied und der ihm, in Verbindung mit einem gehörigen Stück Opportunismus, im Gegensatz zu letzterem 1918/19 die Existenz sicherte. Krupp gelang mit seinem eigenen Sozialprogramm[193] auch das, woran Bismarck mit der Arbeiterversicherung im Hinblick auf den Staat scheiterte. Er schaffte es bei den Arbeitern eine Identität mit dem Unternehmen zu stiften, die sich in der gegenseitigen Bezeichnung als „Kruppianer" noch heute widerspiegelt. Mit Blick auf die staatliche

---

[190] Zitiert nach: Syrup, Friedrich / Neuloh, Otto: Hundert Jahre Staatliche Sozialpolitik 1839-1939, Stuttgart 1957, Fußnote 6, S. 53.

[191] Krupp, Alfred: Rundschreiben an die Firma Friedr. Krupp (10. Oktober 1871), in: Quellensammlung zur Geschichte der deutschen Sozialpolitik (1867-1881), Abt. 1, Bd. 8, Dokument Nr. 27, S. 180.

[192] Zitiert nach: Machtan, Lothar: Zum Innenleben deutscher Fabriken im 19. Jahrhundert. Die formelle und die informelle Verfassung von Industriebetrieben, anhand von Beispielen aus der Textil- und Maschinenbauproduktion (1869-1891), in: Archiv für Sozialgeschichte, Bd. 21/1981, S. 196.

[193] Alfred Krupp entwarf 1871 unter dem Eindruck der Furcht vor zunehmenden sozialistischen Tendenzen ein Konzept für eine umfassende Erweiterung der betrieblichen Sozialpolitik, welches auf Grund seiner Detailliertheit und Vorausplanung ein bedeutendes Dokument darstellt. Er geht dabei neben dem Schul- und Wohnungsbau, auf eine eigene Viehzucht und Kleidungsherstellung ein. Zudem legt er seine intensiven Kontroll- und Erziehungsabsichten ausführlich dar. Auffällig ist dabei, dass er mit dem Wohnungs- und Schulbau zentrale Forderungen der Sozialreform umsetzte.
Abgedruckt unter: Krupp, Alfred: Rundschreiben an die Firma Friedr. Krupp (26. Dezember 1871), in: Quellensammlung zur Geschichte der deutschen Sozialpolitik (1867-1881), Abt. 1, Bd. 8, Dokument Nr. 32, S. 229.

Sozialgesetzgebung kam zudem bereits hier ein Phänomen zum Vorschein, welches später zu einem handfesten Kritikpunkt nicht nur der sozialistischen Arbeiterschaft an der Sozialgesetzgebung wurde. Die nichtstaatlichen Sozialmaßnahmen setzten zum Teil Standards, hinter welche die staatliche Gesetzgebung in bestimmten Bereichen wieder zurückfiel, so u.a. beim Wohnungsbau, bei Hygiene- und Gesundheitsvorschriften und in Teilen bei Leistungsumfängen der Kassen. Besonders deutlich wurde das bei Unternehmen, die entgegen der strikt patriarchalischen Unternehmensführung eines Alfred Krupp oder Werner von Siemens, das Prinzip von „konstitutionellen" und „christlichen Fabriken" umsetzten und dabei mit einem „dritten Weg" zwischen Kapitalismus und Sozialismus direkt an die verschiedenen Ausprägungen der Sozialreform anknüpften. Als Beispiel für eine „konstitutionelle Fabrikführung" galt z.B. der in Deutschland zu seiner Zeit führende Jalousien- und Holzpflasterfabrikant Heinrich Freese, der 1884 eine Fabrikordnung erließ, die neben entscheidungsberechtigten und dem Parlamentarismus nachgebildeten Gremien auch gesonderte Fragestunden festschrieb. Zudem gewährte er seinen Arbeitern und Angestellten eine Mitarbeiterbeteiligung, eine fortschrittliche Tarifpolitik und den achtstündigen Arbeitstag.[194] Freese wurde durch seine Aktivitäten auf Vorschlag Gustav Schmollers 1896 in den Verein für Sozialpolitik kooptiert und trug 1899 und 1910 der Staatswissenschaftlichen Gesellschaft vor.[195] Daran zeigt sich, dass auch im Hinblick auf die Interessen der Wirtschaft kein monotones Bild gezeichnet werden kann. So lehnten die Unternehmen insgesamt zwar überwiegend jeglichen Eingriff in ihre Betriebsverfassungen ab, gleichzeitig waren Bismarcks persönliche sozialpolitische Ziele und die staatliche Sozialgesetzgebung bei mittleren und kleinen Unternehmen aber oft auch als großindustrielle Machwerke verschrien, die mit ihren teils noch protoindustriellen Strukturen nicht zu vereinbaren waren. Diese differenzierte Betrachtung ist Hans-Peter Ullmann zu verdanken, der schon 1979 mit einem grundlegenden Aufsatz die Nähe Bismarcks zur Großindustrie aufzeigte und den Zusammenhang zwischen Mitwirkung selbiger an der Sozialgesetzgebung

---

[194] vom Bruch, Rüdiger: Bürgerliche Sozialreform im deutschen Kaiserreich, in: Ders. (Hrsg.): Bürgerliche Sozialreform in Deutschland vom Vormärz bis zur Ära Adenauer, München 1985, S. 85-87.
[195] Vgl.: vom Bruch, Rüdiger: Bürgerlichkeit, Staat und Kultur im Deutschen Kaiserreich, Wiesbaden 2005, S. 195.

als Entgegenkommen für die Schutzzollpolitik dargelegt hat.[196] Darüber hinaus wurden von Ullmann aber auch die weiteren Handlungsmotive der wirtschaftlichen Akteure herausgearbeitet und entsprechend Befürwortern und Gegnern der Sozialpolitik zugeordnet. Zu den Befürwortern unter den wirtschaftlichen Akteuren zählte er dabei Unternehmer aus dem Rheinland und Westfalen sowie aus dem Saargebiet und Oberschlesien. Ergänzt wurden diese von Baumwollindustriellen, Leinen- und Wollwarenfabrikanten insbesondere aus dem Süden Deutschlands sowie Papier-, Leder- und Glasproduzenten und Herstellern chemischer Produkte und Holzwaren.[197] Den weitaus größeren Teil stellten jedoch die Gegner der Sozialpolitik dar, die sich insbesondere aus den Klein- und Mittelunternehmen jeglicher Produktionszweige rekrutierten und deren Widerspruch vor allem dadurch sichtbar wurde, dass sich weit mehr als die Hälfte der Handels- und Gewerbekammern gegen eine Versicherung ausgesprochen haben. Ullmann zählt hierzu insbesondere Unternehmer mit liberaler Prägung, welche die Lösung zur Verbesserung der sozialen Lage der Arbeiter allein in wirtschaftlichem Fortschritt und einer genossenschaftlichen Selbsthilfe der Fabrikanten sahen. Sie produzierten noch immer in vor- und frühindustriellen Strukturen und hatten entsprechend ihrer streng patriarchalischen Prägung kein Interesse an der Sozialen Frage[198]. Oft waren aber auch rein ökonomische Folgen ausschlaggebend. So bestand in den Augen der Unternehmer die Gefahr, dass unter weitreichenden Gesetzen ihre internationale Konkurrenzfähig verloren gehen könnte. Ein weiterer Grund der Ablehnung lag zudem gerade darin begründet, dass vor allem in kleinen Fabriken die Arbeitsbedingungen oft unerträglich waren und entsprechend häufig zu Unfällen führten. Demzufolge wären diese auch hauptsächlich von Leistungszahlungen betroffen gewesen, welche sie infolge der Häufigkeit der Unfälle schnell in den Ruin getrieben hätte.[199] Aber auch fortschrittliche Fabrikanten lehnten die Arbeitergesetze ab, weil sie zu den bereits vorhandenen Regelungen zwangsweise Doppelstrukturen geschafft und die Kosten somit künstlich nach oben getrieben oder gar nicht erst an den bereits

---

[196] Ullmann, Hans-Peter: Industrielle Interessen und die Entstehung der deutschen Sozialversicherung 1880-1889, in: HZ 229/1979, S. 574-610.
[197] Vgl.: ebd,. S. 584-586.
[198] Vgl.: ebd,. S. 586-590.
[199] Vgl.: ebd.

bestehenden Leistungsumfang herangereicht hätten. [200] Dass sich die Großindustrie gegen die kleineren und mittleren Unternehmen durchsetzte, lag dann allerdings weniger im Anteil an der Gesamtwirtschaft, als in der einsetzenden Konzentration und Organisation in Interessenverbänden begründet, bei der kleinere Unternehmen überwiegend das Nachsehen hatten. Hier wurde ein taktisches und interessengeleitetes Einwirken auf die Sozialpolitik, d.h. vor allem auf das preußische Handelsministerium bzw. mit der Verlagerung der Zuständigkeit für die Soziale Frage nach dem Rücktritt des Experten im Staatsministerium Hermann Wagener 1873, auch auf selbiges und auf den Reichskanzler persönlich angestrebt. Damit wurden unter der stetig anwachsenden politischen Bedeutung der Sozialen Frage auch die Anfänge des modernen Lobbyismus in Deutschland begründet. Im Hinblick auf die Sozialgesetzgebung fand dabei ein bis heute überwiegend gültiges Handlungsmuster seinen institutionalisierten Ursprung. Umfassende staatliche Sozialmaßnahmen wurden von der Wirtschaft seither meist solange bekämpft, bis sie nicht mehr zu verhindern waren, um dann durch Organisation, Argumentation und öffentlicher wie auch nichtöffentlicher Intervention über verschiedene Kanäle so viel Einfluss auf deren unternehmerfreundliche Gestaltung und Umsetzung auszuüben, dass sie nicht allzu einschneidend waren. Als wichtigste industrielle Verbände müssen an dieser Stelle der „Verein Deutscher Eisengießerei (VdEg)" (Gründung 1869), der „Verein zur Wahrung der gemeinsamen wirtschaftlichen Interessen in Rheinland und Westfalen", welcher von Bismarck humoristisch nur „Langnam-Verein" genannt wurde (Gründung 1871), der „Verein Deutscher Eisen- und Stahlindustrieller (VDESt)" (Gründung 1874) und der „Centralverband Deutscher Industrieller (CDI)" (Gründung 1876), genannt werden.[201] Insbesondere der VDESt stellte dabei unter der Leitung von Louis Baare und später durch August Servaes, die neben Alfred Krupp die wichtigsten Protagonisten des deutschen Stahlkartells im Deutschen Kaiserreich waren, das politische Pardon zu eben jenem Wirtschaftskartell dar. Mit Blick auf die Durchsetzung der innenpolitischen und d.h. insbesondere der sozialpolitischen Interessen, gab Servaes die Stoßrichtung mit seiner Aufforderung: „[...] so viel als möglich direct an den

---

[200] Vgl.: ebd, S. 590-596.
[201] Vgl.: Pierenkemper, Toni: Unternehmensgeschichte. Eine Einführung in ihre Methode und Ergebnisse. (Grundzüge der modernen Wirtschaftsgeschichte Bd.1), Stuttgart 2000, S. 275f.

Reichskanzler zu gehen [...]"[202] unzweideutig vor. Dass diese Aufforderung eine handfeste Grundlage besaß, wurde im Streben Bismarcks kenntlich den Einfluss der Großindustrie durch Errichtung eines „Volkswirtschaftsrates" auch im politischen System zu institutionalisieren. In seinem Entwurf für das preußische Staatsministerium vom 15. Oktober 1880 legte Bismarck entsprechend dar: „Er (der Volkswirtschaftsrat - SZ) bezweckt, eine Institution zu schaffen, welche bei der Vorbereitung aller das wirthschaftliche Gebiet berührenden Gesetzentwürfe, sei es in der Ministerial-Instanz, sei es im Bundesrath, die gemeinsamen und besonderen Interessen der Industrie, des Gewerbes, des Handels und der Landwithschaft durch gutachtliche Aeußerungen wahrzunehmen hat."[203] Um bei dessen Umsetzung einer Debatte im preußischen Landtag zu entgehen, führte er weiter aus: „Für die Errichtung des Volkswirthschaftsraths genügt der Weg der Königlichen Verordnung; die Vorlage eines Gesetzentwurfs ist nicht erforderlich, und würde nach den Erfahrungen der letzten Jahre zu Diskussionen führen, bei welchen die Taktik der Fraktionen und der Hinblick auf die Wahlen der sachlichen Behandlung im Wege steht."[204] Der preußische Volkswirtschaftsrat, der laut Bismarck auch auf Reichsebene institutionalisiert werden sollte, bekam vom Reichskanzler allein mit seinem ersten Paragraphen eine Vetomacht zugesprochen, die faktisch eine bzw. zwei neue Legislative(n) begründet hätte. Der erste Paragraph bestimmte: „Entwürfe von Gesetzen und Verordnungen, welche die Interessen der Industrie, des Handels und der Gewerbe einschließlich der Landwirthschaft betreffen, sind, bevor sie Meiner (Wilhelm I. / SZ) Genehmigung unterbreitet werden, von Sachverständigen aus den betheiligten wirthschaftlichen Kreisen zu begutachten. Dasselbe gilt für diesseitige Anträge und Abstimmungen im Bundesrath zum Zweck reichsgesetzlicher Anordnungen auf dem gedachten wirthschaftlichen Gebiet".[205] Damit hatte Bismarck, infolge seiner Handlungsfreiheit unter Wilhelm I., einen Entwurf für eine Institution präsentiert,

[202] Zitiert nach: Ullmann, Hans-Peter: Industrielle Interessen und die Entstehung der deutschen Sozialversicherung 1880-1889, in: HZ, Bd. 229 /1979, S. 574-610.
[203] Zitiert nach: von Bismarck, Otto: Schreiben an das Preußische Staatsministerium: Entwurf einer Verordnung über die Errichtung eines preußischen Volkswirtschaftsrates (15. Oktober 1880), in: Milatz, Alfred (Hrsg.): Otto von Bismarck. Werke in Auswahl. Jahrhundertausgabe zum 23. September 1862 (Bd. 6 Zweiter Teil), Dokument Nr. 150, unveränd. Nachdruck, Darmstadt 2001. S. 472.
[204] Zitiert nach ebd.
[205] Zitiert nach: von Bismarck, Otto: Schreiben an das Preußische Staatsministerium (15. Oktober 1880), in: Milatz, Alfred (Hrsg.): Otto von Bismarck. Werke in Auswahl. Jahrhundertausgabe zum 23. September 1862 (Bd. 6 Zweiter Teil), Dokument Nr. 150, unveränd. Nachdruck, Darmstadt 2001, S. 471.

die jegliche Gesetze, welche auch nur annähernd wirtschaftliche Belange betrafen, unter seinen Vorbehalt stellte. Denn den Vorsitz im Volkswirtschaftsrat führte formell der preußische König, da dieser aber nicht im tagespolitischen Geschäft tätig war, tatsächlich der preußische Ministerpräsident, also Bismarck selbst. Das Scheitern auf Reichsebene von Beginn an und der Etatentzug 1886 durch das preußische Abgeordnetenhaus, besiegelten dann ein frühes, allerdings nicht fruchtloses Ende, wie weiter unten aufgezeigt wird, da in beiden Parlamenten die antidemokratische und entmündigende Zielstellung erkannt und von den Abgeordneten bekämpft wurde. Dennoch ist das Vorgehen Bismarcks ein Sinnbild für die moderne Fehldeutung seiner sozialpolitischen Zielstellung als vielzitiertes „Zuckerbrot" zur „Peitsche" des Sozialistengesetzes. Auf diesen Umstand macht ebenfalls schon Hans-Peter Ullmann aufmerksam. Nimmt man, so Ullmann, die ursprünglichen Entwürfe des Reichskanzlers und nicht die vielfach durch den Reichstag geänderten Gesetzesentwürfe zur Grundlage einer Beurteilung, so stechen allein schon dadurch die repressiven Bestandteile viel deutlicher hervor.[206] Unter Berücksichtigung der avisierten Zielstellung des Volkswirtschaftsrats erhält die These Ullmanns nicht nur meine volle Zustimmung, sondern wird sogar noch erweitert. Denn die Sozialkonzepte Bismarcks waren meiner Ansicht nach nicht nur kein „Zuckerbrot", sie waren das wiederwillige Nachgeben auf gesellschaftliche und politische Forderungen, die schlicht und einfach nicht mehr ignoriert werden konnten, wollte Bismarck der Revolutionsgefahr nicht Wasser auf die Mühlen geben. Der Volkswirtschaftsrat selbst stellte dabei umgehend den Versuch dar, mit Hilfe einer ständischen Institution, die Macht der ersten neuen Klasse der Bourgeoisie dahingehend zu kanalisieren, dass sie zu einem kontrollierbaren Gegengewicht der zweiten neuen Klasse der Arbeiterschaft und deren Forderungen wurde, um so den Fortbestand der Monarchie dadurch zu sichern, dass nicht der Staat selbst, sondern die Bedeutung der nationalen Wirtschaftskraft als Grund für die Ablehnung zu weitreichenden Bestrebungen angeführt werden konnte. Was genau als zu weitreichend angesehen wurde, hatte per Definition des oben zitierten Paragraphen der Volkswirtschaftsrat allein und nach Gutdünken zu beurteilen. Insofern darf man feststellen, dass die Sozialgesetzgebung keinesfalls Bismarcks sozialempathische Ergänzung der

---

[206] Vgl.: Ullmann, Hans-Peter: a.a.O., S. 472.

konfrontativen Sozialistengesetze darstellte. Vielmehr muss insbesondere der Volkswirtschaftsrat als eine Ergänzung der Sozialistengesetze angesehen werden, die aus seiner Sicht notwendig wurde, weil die Forderungen aus der Arbeiterklasse, aus den Parteien, teilweise aus den Ministerien und insbesondere von Sozialreformern nach einer positiven Ergänzung bzw. nach Abschaffung der Repressionsmaßnahmen eine Dimension erreichten, die der Reichskanzler in seinem ständischen Denken und in Verkennung der Dimension der Sozialen Frage nicht erwartet hat. Man muss daher auch der Schlussfolgerung Ullmans zu den Zielen Bismarcks zustimmen: „Diese Form der Reaktion auf die soziale Frage verdrängte jedoch ihr gesamtgesellschaftliches Ausmaß, sah die Ursache nur im ungedeckten Unfall-, Krankheits-, Alters- und Invaliditätsrisiko und glaubte, ihr durch wirtschaftliche Transferleistungen beikommen zu können."[207] Das wird nirgendwo deutlicher als im Bestreben alle darüber hinaus gehenden Forderungen mit Hilfe des Volkswirtschaftsrates von Anfang an zu unterbinden. Dass dieser Versuch gescheitert ist, war eine politische Niederlage Bismarcks, welcher in der wissenschaftlichen Literatur viel zu wenig Beachtung geschenkt wird. Eine zentrale Folge dieser Entwicklung war dann auch die weitere Konzentration der Wirtschaftsinteressen in den Wirtschaftsverbänden, deren Vorsitzende mit voranschreitender Industrialisierung damit unmittelbar auch an persönlichem Einfluss gewannen. Im Hinblick auf die Sozialgesetzgebung lässt sich dieser Einfluss insbesondere am Vorsitzenden des „Bochumer Vereins" Louis Baare nachzeichnen.

6.2. Louis Baare und der Centralverband der Industriellen

Möchte man die Schnittstellen zwischen Sozialgesetzgebung und wirtschaftlichen Interessen im Deutschen Kaiserreich aufzeigen, so stößt man mit Louis Baare immer wieder auf eine Person, deren Einfluss in diesem Zusammenhang zwar längst bekannt ist, welcher in der wissenschaftlichen Betrachtung aber meist auf die Feststellung reduziert wird, dass er als „Schwerindustrieller" ein wichtiges Promemoria verfasst hat, ohne dass dabei

---

[207] Zitiert nach: Ullmann, Hans-Peter: Industrielle Interessen und die Entstehung der deutschen Sozialversicherung 1880-1889, in: HZ, Bd. 229 /1979, S. 580.

aber näher auf dieses Promemoria, noch auf Baare selbst eingegangen wird. Das ist umso erstaunlicher als der für die Auseinandersetzung mit Baare so wichtige zweite Band der ersten Abteilung der Quellensammlung zur Sozialpolitik im Deutschen Kaiserreich bereits 1993 und damit als einer der beiden ersten nach dem Fall der Mauer publiziert wurde. Von den darin aufgenommenen 237 Dokumenten, können nach einer Überblicksanalyse ca. 90 Dokumente Baare zugeordnet werden und tragen seinen Namen dabei entweder schon im Dokumententitel bzw. der dazugehörigen Kurzbeschreibung oder die Fußnoten machen kenntlich, dass er in direktem Zusammenhang mit der Quelle stand. Das muss für einen Akteur außerhalb der Politik- und Ministerialebene als ein Alleinstellungsmerkmal in der gesamten Quellensammlung gewertet werden. Es ist daher noch verwunderlicher, dass weder eine einigermaßen aktuelle Biographie noch sonst eine wissenschaftliche Abhandlung zu seiner Person existiert. Baare darf man daher bereits an dieser Stelle schon als einen der größten blinden Flecke in der wissenschaftlichen Aufarbeitung der Sozialgesetzgebung im Deutschen Kaiserreich bezeichnen. Er steht damit ebenfalls symbolisch für die noch immer unzureichende Analyse der komplexen Willensbildungs- und Entscheidungsprozesse der unter Bismarck realisierten Sozialgesetzgebung.[208] Es liegt also in der Logik der Dinge, dass meist nur die erwähnte Charakterisierung als „Schwerindustrieller" angeführt

---

[208] Anm: Ein entscheidender Grund dafür liegt meiner Ansicht nach darin begründet, dass eine Analyse dieser Willens- und Entscheidungsprozesse eine politik- und sozialtheoretische Grundausbildung auch bei Historikern voraussetzt, der sich zu oft verweigert wird. Besonders das Argument, dass Geschichtsschreibung nicht aus unvollständigen Theorien entspringen kann und Theorien ja nie die Komplexität der Wirklichkeit widerspiegeln, wird dabei gern bemüht. Dass die Rekonstruktion von Komplexität nie umfassend sein kann und gerade im historischen Kontext nur allzu oft schon daran gescheitert ist, weil Historiker nicht in der Lage waren institutionelle, personelle oder administrative Zusammenhänge wahrzunehmen, wird gern verdrängt. Wo wenn nicht hier, hat z.B. das monotone Bismarck-Bild denn seinen Ursprung? Gerade in der Theorievielfalt, die immer auch ein Ausdruck von wissenschaftlicher und damit geistiger Freiheit ist, unterscheidet sich die Bundesrepublik Deutschland von ihren historischen Vorläufern. Die Aufgabe eines heutigen Historikers ist es daher diese Theorievielfalt zu nutzen, um die Komplexität in ihren Einzelteilen strukturell zu erfassen und diese so überhaupt erst umfassend hermeneutisch deuten zu können. Dabei ist es entscheidend, dass der Historiker einerseits realisiert, wo die Aussagekraft und die logische Struktur von Theorien enden und damit Hermeneutik notwendig wird, dass er sich andererseits aber wenn nötig auch eingesteht, dass bestimmte Sachverhalte mit einer zu geringen Quellendichte nicht nachvollzogen werden können, eine weitere Deutung somit einer nachträglichen Geschichtskonstruktion gleichkommen würde. Mit Blick auf das Deutsche Kaiserreich lohnt z.B. eine Auseinandersetzung mit der Systemtheorie Niklas Luhmanns und der gesellschaftlichen Analyse Karl Marx'. Luhmannsche Teilsysteme z.B. Ministerien, Verbände, Unternehmen oder Personen, die das politische System beeinflusst haben und durch jenes beeinflusst wurden, aber trotzdem relativ unabhängig voneinander agieren konnten und ein nach Marx überwiegend bipolarer Gesellschaftskonflikt zwischen Bourgeoisie auf der einen und Arbeiterklasse auf der anderen Seite waren Grundmerkmale dieser Epoche. Während letzteres heute meist noch wahrgenommen wird, geht ersteres leider meist unter.

wird, ohne sich jedoch dabei zu fragen, warum ausgerechnet er und dann mit einem schlichten Promemoria, welches zudem meist fälschlich als direkt an Bismarck gerichtet dargestellt wird, scheinbar so ohne Weiteres bei einem Reichskanzler Zugang erhielt. Eine Analyse hat in diesem Fall also trotz fehlender umfassender Fachliteratur bei der Person Baares anzusetzen. Hierzu lohnt besonders ein Blick in die online zugängliche Jubiläumsbroschüre der Industrie- und Handelskammer Bochum,[209] in der ersichtlich wird, dass Baare neben der oben erwähnten Leitung des VDESt, schon seit 1855 die Position des Vorstandsvorsitzenden im Bochumer Verein und seit 1872 auch das Präsidentenamt der Bochumer Handelskammer innehatte. Zumindest zeitweise saß er darüber hinaus im preußischen Abgeordnetenhaus. In diesen Funktionen konnte er laut Broschüre zudem bereits in der Schutzzollfrage zugunsten der Beibehaltung der Eisenzölle erfolgreich bei Kaiser Wilhelm I. insistieren. [210] Baare war damit nicht nur einer der wichtigsten Schwerindustriellen im Stahlkartell, er war zu dieser Zeit einer der einflussreichsten Industriellen im gesamten Deutschen Kaiserreich überhaupt und hatte in seiner Funktion als Präsident einer Handelskammer aus dem wirtschaftlich so wichtigen Ruhrgebiet sowie als Abgeordneter direkten Zugang zu den höchsten staatlichen Stellen. Hauptanlaufstelle war zu dieser Zeit aber (noch) nicht der Reichskanzler bzw. preußische Ministerpräsident, sondern der preußische Handelsminister. Sein Promemoria schrieb Baare dann auch nicht aus eigenem Antrieb, sondern nach Aufforderung eben jenes Handelsministers, mit dem er bei einer Abendgesellschaft beim Reichstagsabgeordneten Robert Lucius von Ballhausen, der als enger Vertrauter Bismarcks galt, ins Gespräch kam.[211] Daher ist es auch nicht erstaunlich, wenn also nicht Bismarck, sondern Karl Hofmann der Adressat des Promemorias vom März[212] bzw. in der von Baare nochmals korrigierten Variante vom April 1880 war.[213] Was allerdings erstaunen darf ist, dass Hofmann die hauptsächlich an Unternehmerzielen

[209] Vgl.: 150 Jahre IHK, in: http://www.bochum.ihk.de/linebreak4/mod/netmedia_document/data/Jubilaeumsbroschuere%20.pdf, (12.02.2012)

[210] Vgl.: ebd.

[211] Vgl.: Baare, Louis: Brief an Karl Heinrich Brüggemann (1. Oktober 1880), in: Quellensammlung zur Geschichte der deutschen Sozialpolitik (1867-1881), Abt. 1, Bd. 2, Dokument Nr. 97, S. 280.

[212] Vgl.: (Ohne Verfasser) Bericht des CDI (26. März 1880), in: Quellensammlung zur Geschichte der deutschen Sozialpolitik (1867-1881), Abt. 1, Bd. 2, Dokument Nr. 55, S. 156.

[213] Vgl.: Baare, Louis: Promemoria für den Preußischen Handelsminister (30. April 1880), in: Quellensammlung zur Geschichte der deutschen Sozialpolitik (1867-1881), Abt. 1, Bd. 2, Dokument Nr. 57, S. 161 -175.

ausgerichteten Argumente Baares im Juli 1880 Bismarck zur Kenntnis vorlegte. Dass das keine Selbstverständlichkeit und möglicherweise ursprünglich auch nicht geplant war, wird deutlich, wenn man berücksichtigt, dass Hofmann den Arbeitern im Gegensatz zu Baare und Bismarck deutliche weitreichendere Zugeständnisse beim Haftpflichtgesetzt machen wollte. Hierzu arbeitete er kurz zuvor den bereits erwähnten Referentenentwurf aus, der auf Lohmann zurückging und der von Bismarck auf Grund seiner vorgesehenen Belastung für die Wirtschaft rundum abgelehnt wurde. Hofmann selbst geriet dadurch bei Bismarck in Ungnade und wurde kurze Zeit später ins Elsass versetzt. Das Promemoria vom April gelang somit erst nach dem eigenen Entwurf und damit aus rein instrumenteller Absicht Hofmanns, d.h. mit dem Bestreben durch scheinbare Nähe zur Großindustrie seine Position bei Bismarck wieder ins rechte Licht zu rücken, zum Reichskanzler und konnte so überhaupt erst seine Wirkung erzielen. Bisher wenig bekannt war, dass parallel zu der Bitte Hofmanns an Baare, auch Bismarck selbst eine Einschätzung der Industrie einholte. Am 08. März 1880 erhielt der bereits zurückgetretene (Bismarcks wusste dies nicht) und bisherige Vorsitzende des Centralverbandes deutscher Industrieller Louis Schwartzkopff von Bismarck einen fertigen Entwurf für ein Unfallanzeigegesetz mit der Bitte: [...] eine Ihr eigenes und anderer sachverständiger Berufsgenossen Gutachten darüber gefälligst mitteilen zu wollen."[214] Bereits am 16. März 1880 erging dann von Baare, nicht ohne dass er zuvor seinen ersten Entwurf des Promemorias an Hoffman am 15. März von diesem zurückforderte, um ihn noch einmal durchsehen zu können,[215] im Auftrag Schwartzkopffs auch dazu ein Gutachten an den Centralverband deutscher Industrieller.[216] Der zusammenfassende Bericht aller vom CDI eingeholter Gutachten ging dann als Antwort auf Bismarcks Gesuch am 26. März 1880 an selbigen.[217] Baares überarbeitetes Promemoria erhielt Hofmann rund einen Monat später. In diesem nahm er u.a. Bezug auf zu arbeiterfreundliche Gerichte und berief sich dabei auf Verhandlungen mit der

---

[214] Vgl.: Quellensammlung zur Geschichte der deutschen Sozialpolitik (1867-1881), Abt. 1, Bd. 2, Dokument Nr. 50, S. 152.

[215] Vgl.: Quellensammlung zur Geschichte der deutschen Sozialpolitik (1867-1881), Abt. 1, Bd. 2, Dokument Nr. 53, S. 155.

[216] Vgl.: Quellensammlung zur Geschichte der deutschen Sozialpolitik (1867-1881), Abt. 1, Bd. 2, Dokument Nr. 54, S. 155-156.

[217] Vgl.: Quellensammlung zur Geschichte der deutschen Sozialpolitik (1867-1881), Abt. 1, Bd. 2, Dokument Nr. 55, S. 156. – 159.

„Allgemeinen Unfallversicherungsbank Leipzig", die er wie folgt anpries: „[...] beiläufig bemerkt wohl das bestverwaltete und konsultanteste Institut derart [...]."[218] Das Lob verwundert nicht, entspricht doch ein Gutteil des Promemorias und dabei auch die Kritik an den Gerichten nicht den angeführten Verhandlungen, sondern einer von ihm erbetenen[219] Stellungnahme[220] von selbiger Unfallbank, die ihn direkt aufforderte in ihrem Sinne beim Handelsminister gegen die Fabrikinspektoren einzuwirken und in deren Aufsichtsrat mit dem bisherigen Vorsitzenden des CDI Schwarzkopff, die personifizierte Großindustrie saß. Baare konnte also zum einen bereits bei seiner Bitte davon ausgehen, dass das Gutachten die gewünschte Industrieperspektive vertreten würde und er konnte diese Perspektive zum anderen beim Handelsminister Hofmann als unabhängige Einschätzung präsentieren, da die Unfallbank, im Gegensatz zu beispielsweise auf Aktien gegründeten Unfallversicherungen, als „Gegenseitigkeitsgesellschaft" keine Überschüsse erwirtschaften durfte[221] und damit auf kurze Sicht keinen wirtschaftlichen Vorteil daraus schlagen konnte. Des Weiteren darf man auch allein die Gelegenheit nicht unterschätzen ein industriefreundliches Institut auf diese Weise direkt beim Handelsminister und im Falle der Weitergabe an Bismarck sogar beim Reichskanzler ins Gespräch zu bringen. Dass es aus Sicht Baares und der gesamten Industrie allen Grund dafür gab ihre Perspektive in den politischen Meinungsbildungs- und Entscheidungsprozess einzubringen, wird ebenfalls in zwei Dokumenten deutlich, die gleichzeitig auch symbolisch für das mittlerweile vorhandene Machtbewusstsein und für die Verweigerungshaltung der Industrie anzusehen sind, das Grundübel der unmenschlichen Arbeitsbedingungen in den Fabriken auch nur annähernd anzuerkennen. In der ersten Quelle machte die „Magdeburger Allgemeine Versicherungs AG" am 12. September 1878 in einer direkten Eingabe an das Reichskanzleramt ihrem Unmut über das Reichshaftpflichtgesetz von 1871 Luft und dabei ersichtlich, dass das von Baare zwei Jahre Später angeführte Institut

[218] Vgl.: Quellensammlung zur Geschichte der deutschen Sozialpolitik (1867-1881), Abt. 1, Bd. 2, Dokument Nr. 57, S. 165.

[219] Vgl.: Quellensammlung zur Geschichte der deutschen Sozialpolitik (1867-1881), Abt. 1, Bd. 2, Dokument Nr. 45, S. 125-127.

[220] Vgl.: Quellensammlung zur Geschichte der deutschen Sozialpolitik (1867-1881), Abt. 1, Bd. 2, Dokument Nr. 46, S. 127-37.

[221] Vgl.: Quellensammlung zur Geschichte der deutschen Sozialpolitik (1867-1881), Abt. 1, Bd. 2, Dokument Nr. 24, S 87-88.

wohl doch nicht so „konsultant" war, wie er behauptete. Denn entgegen der zu arbeiterfreundlichen Gerichte, führte die Versicherung mit Blick auf die Unternehmer aus: „Je länger wir das mit der eigentlichen Unfallversicherung verbundene Haftpflichtversicherungsgeschäft betreiben, desto bedenklicher wird es uns, ob diese Versicherungsart nicht gegen die Sitten verstößt. [...] die meisten Haftpflichtansprüche und Haftpflichtprozesse werden aus mangelhaften Betriebseinrichtungen hergeleitet, haben also nicht jenes Spezialgesetz, sondern die allgemeine Gesetzgebung, insbesondere den § 107 der Reichsgewerbeordnung vom 21. Juni 1869, nach welcher jeder Gewerbeunternehmer verbunden ist, alle diejenigen Einrichtungen herzustellen und zu unterhalten, welche mit Rücksicht auf die besondere Beschaffenheit des Gewerbebetriebes und Betriebsstätte zu tunlichster Sicherung der Arbeiter gegen Gefahr für Leben und Gesundheit notwendig sind, zum Fundament. [...] Und doch hat sich die Haftpflichtpflichtversicherung in einer Weise ausgebildet, daß die Versichertengesellschaften dieselbe [...] auch auf solche ausdehnen müssen, welche durch mangelhafte Betriebseinrichtungen, also durch deren eigene Schuld entstehen."[222] Ganz im Gegensatz dazu schrieb der CDI in dem von Bismarck erbetenen Gutachten vom 26. März 1880: „So gern auch die Gewerbetreibenden bereit sind, nach Kräften zur Aufbesserung des Loses der arbeitenden Klassen beizutragen, so ist kaum in Abrede zu stellen, daß die, gleichsam zur Mode gewordenen, zu weit gehenden Humanitätsbestrebungen den Agitatoren der Sozialdemokratie ein erwünschtes Mittel bieten, die Unzufriedenheit und das Mißbehagen unter den Arbeitern zu nähren. [...] Indem wir unseren Dank dafür aussprechen, daß Euer Durchlaucht uns Gelegenheit gegeben haben, die Ansichten und Wünsche der Industrie [...] zu äußern, erlauben wir uns die ehrerbietigste Bitte auszusprechen [...] uns in Zukunft bei ähnlichen Anlässen gutachtlich zu hören. Während bisher der Deutsche Handelstag bei gewerblichen Vorlagen sehr häufig [...] aufgefordert wurden ist, hat das königlich preußische Handelsministerium und das Reichsamt des Innern bisher noch in keinem einzigen Falle auch uns mit unsern Ansichten gehört, obwohl wir [...] Anspruch darauf erheben können, als vorzugsweise

---

[222] Quellensammlung zur Geschichte der deutschen Sozialpolitik (1867-1881), Abt. 1, Bd. 2, Dokument Nr. 20, S. 74-75.

berechtigte Vertreter der deutschen Industrie [...] gehört zu werden."[223] Damit kann man erstens feststellen, dass Bismarck die Zustände in den Fabriken und die Ursachen für das Elend der Arbeiter schon lange bekannt waren als er den CDI als Ratgeber in die Thematik der Unfallgesetzgebung involvierte und zweitens muss man anführen, dass durch Baare und dem direkten Kontakt in das Handelsministerium noch eine weitere politische Ebene als Einflusskanal für die Wirtschaftsinteressen zur Verfügung stand und entsprechend genutzt wurde. Blickt man zusätzlich auf die inhaltliche Ebene seines Promemorias, so können z.B. folgende Forderungen und Vorschläge direkt auf die Leipziger Unfallbank zurückgeführt werden: Die Herabsetzung der Klagefrist bei Unfällen von zwei auf ein Jahr; die zynische Ansicht, dass die vielen Klagen nach dem Reichshaftpflichtgesetz unter Armenrecht auf bewusste Taktik der Arbeiter zurückzuführen seien; die Forderung, dass Angehörige im Falle eines Todesfalles nur mit mindestens einem Drittel des Verdienstes entschädigt werden sollten; die Eingrenzung der Entscheidungsfreiheit der Gerichte; die Einschränkung der Kompetenzen der Fabrikinspektoren durch Bindung an eine neue gerichtsähnliche Zwischeninstanz in denen auch Unternehmer vertreten sein sollten; die Ablehnung einer Invaliditäts- sowie einer Witwen- und Waisenversicherung mit der Begründung einer fehlenden statistischen Grundlage; das trotz scheinbar fehlender Statistik gleichzeitig angeführte Argument, dass bei voller Arbeitsunfähigkeit bzw. beim Tod eine Rente für Witwen und Waisen von 300 Mark zu übermäßigen Belastungen der Industrie führen würde; schließlich das zentrale Argument, dass Arbeiter in der Höhe der Entschädigung nicht besser gestellt werden sollen als z.B. Soldaten.[224] In wesentlichen Punkten werden diese Argumente durch Baare dann nur noch wie folgt ergänzt: durch die Abkoppelung der Unfallversicherung und der Invalidenversicherung von einer Altersversorgung, die er wie der überwiegende Teil der Industrie zu diesem Zeitpunkt vollständig ablehnt; Anwendung der Haftpflichtregelung in Industrie, Bergbau und Landwirtschaft; Splittung der Finanzierung in zu je einem Drittel durch Kommune, Arbeitgeber und Arbeitnehmer. In einem wichtigen Punkt übernahm Baare jedoch die Anregung

---

[223] Zitiert nach: Quellensammlung zur Geschichte der deutschen Sozialpolitik (1867-1881), Abt. 1, Bd. 2, Dokument Nr. 55, S. 159.
[224] Quellensammlung zur Geschichte der deutschen Sozialpolitik (1867-1881), Abt. 1, Bd. 2, Dokument Nr. 46, S. 127-131.

der Leipziger Unfallbank nicht und plädiert für eine einheitliche Versicherung sowohl für selbst- als auch für nichtselbstverschuldete Unfälle und erkannte damit einen zentralen Mangel der alten Haftpflichtversicherung an. Denn diese Unterscheidung war zuvor hauptsächlich mitverantwortlich für eine Flut von Klagen, da Arbeiter bis dato nachweisen mussten, dass sie nicht selbst Schuld am Unfall waren. Das war ein zentraler Konfliktpunkt, den auch die Wirtschaft befriedet sehen wollte, da er innerbetrieblich lange Zeit für Zündstoff sorgte. Statt dieser Verschuldenshaftung wurde damit auch auf Bestreben Baares als einer der wichtigsten Punkte der Unfallversicherung von 1884 die fortschrittliche Gefährdungshaftung eingeführt. Bis dahin war es aber noch ein weiter weg, der jedoch maßgeblich durch die Industrie mitgeprägt wurde, da sie wie man jetzt nachweisen kann, nicht nur als Ratgeber zur Verfügung stand, sondern sogar einen eigenen ersten Entwurf der Unfallversicherung im Auftrag Bismarck ausgearbeitet hat. Hierzu ist aber wieder ein Blick in die Quellen notwendig, denn nach der Versetzung des Handelsministers Hofmann, war eine Wirkung des Promemorias ganz und gar nicht mehr gesichert. Baare erkundigte sich deshalb sicherheitshalber am 14. August 1880 bei dem ihm bekannten Geheimen Rechnungsrat im Handelsministerium Fr. Schmitz[225] und erhielt von diesem bereits am 18. August 1880 einen positiven Bescheid.[226] Nochmals vier Tage später am 22. August 1880 ging Baare dann ein Brief von Bismarck persönlich zu, der die Einladung zu einem Gespräch bezüglich seines Promemorias enthielt. [227] Aus diesem Gespräch ging schließlich die Aufforderung Bismarcks an Baare hervor, mit weiteren Sachverständigen einen entsprechenden Gesetzentwurf für ein abgeändertes Haftpflichtgesetz zu verfassen, welches dem preußischen Volkswirtschaftsrat vorgelegt werden könne. Dieses Gremium, bestehend aus dem Who`s who der deutschen Industrie, trat parallel zur 4. Generalversammlung des CDI am 22. September 1880 in Düsseldorf zusammen und setzte fest, dass der Geschäftsführer des CDI Regierungsrat Dr. Beutner eine entsprechende Vorlage ausarbeiten

---

[225] Quellensammlung zur Geschichte der deutschen Sozialpolitik (1867-1881), Abt. 1, Bd. 2, Dokument Nr. 79, S. 232.

[226] Quellensammlung zur Geschichte der deutschen Sozialpolitik (1867-1881), Abt. 1, Bd. 2, Dokument Nr. 80, S. 233.

[227] Quellensammlung zur Geschichte der deutschen Sozialpolitik (1867-1881), Abt. 1, Bd. 2, Dokument Nr. 81, S. 233-243.

sollte.[228] Dieser Gesetzentwurf datiert mit dem 3. November 1880,[229] wurde am 6. November 1880 von Baare an Bismarck übersandt[230] und begründete damit den direkten Einfluss der Industrie auf die Sozialgesetzgebung. Als zentrale Ursache der massiven industriellen Interessendurchsetzung, muss dabei eindeutig das Bestreben angeführt werden, den unhaltbaren Zustand des Reichshaftpflichtgesetzes soweit durch Gesetzesänderungen zu verbessern, dass die sozialdemokratische Agitation, die massiven Streiks und die stetig ansteigenden Tumulte ein Ende fanden. Das unternehmerische Interesse entsprang also noch immer vollkommen dem „Herr-im-Haus-Standpunkt" und fand mit einer staatlichen Unfallversicherung nicht zuletzt eine ideale Möglichkeit, die durch fehlende Arbeitsschutzmaßnahmen selbst verursachten Folgekosten zu externalisieren und damit deren Auswirkung auf die eigene Bilanz gering zu halten. Wie gleichgültig und uneinsichtig man dabei auch gegenüber bestehenden Arbeitsschutzrichtlinien und Gerichtsentscheidungen war, zeigt die Tatsache, dass Baare in seinem Promemoria folgendes als Argument gegen Zeugenaussagen bei arbeitsgerichtlichen Entscheidungen zu Papier brachte: „In einem anderen Falle, wo [...] eine schwere Eisenplatte ein Bein zerschmetterte, hat nach Freisprechung in erster Instanz das Oberlandesgericht unter Bestätigung des Reichsgerichts uns zu einer jährlichen Zahlung von 874,50 M. verurteilt, lediglich deshalb, weil behauptet wurde, es hätte die betreffende Arbeit, bei welcher nur etwa 4 Arbeiter beschäftigt waren, unter spezieller Aufsicht eines Meister stattfinden müssen. Dieselbe Arbeit ist hundertmal seit einer Reihe von Jahren ohne jeden Unfall gemacht und wird auch ferner so ausgeführt."[231] Damit stellte er, ohne dabei auch nur einen Gedanken daran zu verschwenden, dass seine Aussagen auf Kritik stoßen könnten, in einem Schreiben an genau jenes Ministerium einen offensichtlichen Rechtsbruch als gängige Praxis dar, welches auch für die Umsetzung der Fabrikgesetzgebung Sorge zu tragen hatte. Dieses Selbstverständnis resultierte vor allem aus den Erfahrungen der Zollgesetzgebung und aus der Gewissheit,

---

[228] Quellensammlung zur Geschichte der deutschen Sozialpolitik (1867-1881), Abt. 1, Bd. 2, Dokument Nr. 87, S. 245.

[229] Quellensammlung zur Geschichte der deutschen Sozialpolitik (1867-1881), Abt. 1, Bd. 2, Dokument Nr. 131, S. 343-349.

[230] Quellensammlung zur Geschichte der deutschen Sozialpolitik (1867-1881), Abt. 1, Bd. 2, Dokument Nr. 132, S. 349-350.

[231] Zitiert nach: Quellensammlung zur Geschichte der deutschen Sozialpolitik (1867-1881), Abt. 1, Bd. 2, Dokument Nr. 57, S. 166-167.

dass der Reichskanzler den Wirtschaftsinteressen eindeutig den Vorrang einräumte. Wie anders sollte man die im Zusammenhang mit der Steuerreform verfassten und an den preußischen Finanzminister Hobrecht gerichteten Worte Bismarcks vom 25. Mai 1878 deuten: „Ich werde, solange ich imstande bin, als Minister oder im Parlament [...] die politischen und wirtschaftlichen Maßregeln anregen und befürworten, die ich für die richtigen halte [...]. Die Gelehrten ohne Gewerbe, ohne Besitz, ohne Handel, ohne Industrie, die vom Gehalt, Honoraren und Coupons leben, werden sich im Laufe der Jahre den wirtschaftlichen Forderungen des produzierenden Volkes unterwerfen oder ihre parlamentarischen Plätze räumen müssen."[232] Hieraus sprach allerdings nicht nur der Fabrik und Land besitzende Junker, wie man durchaus zu Recht argumentieren könnte, sondern auch der mächtigste Staatsmann Europas. Aus dieser Perspektive stellte eine begrenzte Sozialgesetzgebung die zentrale innenpolitische Ordnungsgarantie und damit auch eine grundlegende Voraussetzung für eine prosperierende Wirtschaft dar, welche in handelspolitischer und militärischer Hinsicht zusammen mit den Wirtschaftszöllen das Fundament für die Hegemonialstellung auf dem europäischen Kontinent sichern sollte. Sie hatte sich daher in den Augen Bismarcks, wie überhaupt die gesamte Politik, auch nicht an dem zu orientieren, was in der amerikanischen Verfassung als „pursuit of happiness" niedergeschrieben wurde, sondern einzig daran, was der Befriedung der Gesellschaft dienlich war. Alles was darüber hinausging, musste als unnötige Belastung der Wirtschaft empfunden und somit als Risiko für die deutsche Hegemonialstellung in Europa aufgefasste werden, die auf lange Sicht noch immer eine militärische Antwort Frankreichs auf die demütigende Niederlage im Deutsch-Französischen-Krieg einkalkulierte. Hier wird bei Bismarck neben dem fehlenden Bewusstsein für die gesamte Dimension der Sozialen Frage, auch ein Grundproblem moderner Nationalstaaten deutlich. Je größer die militärische Bedrohungslage ist, desto höher ist in aller Regel die haushaltspolitische Belastung durch den Militäretat. Je größer aber der Militäretat ausfällt, desto weniger finanzielle Mittel stehen für andere

---

[232] Zitiert nach: von Bismarck, Otto: Schreiben an Finanzminister Hobrecht: Die Steuerreform in Preußen und im Reich (Konzept Tiedemann) (25. Mai 1878), in: Milatz, Alfred (Hrsg.): Otto von Bismarck. Werke in Auswahl. Jahrhundertausgabe zum 23. September 1862 (Bd. 6 Zweiter Teil), Dokument Nr. 57, unveränd. Nachdruck, Darmstadt 2001. S. 176.

Politikfelder bereit. Auch deshalb war im Deutschen Kaiserreich in einem finanzintensiven Politikfeld wie der Sozialpolitik kein größerer Spielraum vorhanden. Ein umfassendes sozialpolitisches Konzept scheiterte daher nicht nur am Willen bzw. den Interessen einzelner Akteure, sondern auch an den strukturellen Vorrausetzungen, die vollständig und in ganz Europa erst nach dem Zweiten Weltkrieg durch den steinigen Weg der europäischen Einigung geschaffen wurden. Gleichzeitig darf man aber gerade in transnationaler Perspektive nicht verschweigen, dass die Sozialgesetzgebung weltweit ihresgleichen Suchte und dann als Grundmodell der meisten staatlichen Sicherungssysteme diente.

7. Fazit und Ausblick

Als zentrales Ergebnis dieser Arbeit ist zu konstatieren, dass die Simplifizierung der Sozialgesetzgebung des Deutschen Kaiserreiches als „Bismarcks Sozialpolitik" hauptsächlich in einer mythologischen Überlieferung begründet ist, deren Ursachen insbesondere in der deutschen Geschichtswissenschaft selbst zu suchen sind. War bis in die 1970iger Jahre dafür hauptsächlich die Dominanz konservativer Historiker verantwortlich, in deren Perspektive die Sozialgeschichte nur wenig Raum einnahm, so kam bis 1989 auch noch der fehlende Zugang zu wichtigen Quellen in der DDR erschwerend hinzu. Zwar setzte nach der Fischer-Kontroverse eine junge Historikergeneration erste neue Akzente und sorgte bis zum 100-jährigen Jubiläum der Kaiserlichen Botschaft von 1881 für eine neue Deutung der Sozialgesetzgebung, die nun den Fokus auf deren Herrschaftsziele legte, über die Zentrierung Otto von Bismarcks kam sie aber nie ganz hinaus. Dass das bis auf Theodor Lohmann und in Ansätzen auf Hermann Wagener auch überwiegend heute noch zutrifft, muss einerseits in oftmals fehlenden finanziellen Forschungsmitteln, andererseits aber auch in einer Verweigerungshaltung gegenüber den neuen Quellen angesehen werden. Wenn seit 1995 der Einfluss der Wirtschaft an Louis Baare detailliert rekonstruiert werden kann, aber zu ihm noch immer keine Monographie vorliegt, dann spricht das Bände. Darüber hinaus dominiert auch noch immer die Bismarckbiographie von Lothar Gall das Bild des Reichskanzlers, deren Mängel bereits im Untertitel deutlich werden. Im Gegensatz dazu müsste besonders mit

Blick auf die Sozialgesetzgebung des Kaiserreiches meiner Ansicht nach die Parallelität von langfristigen Kontinuitätslinien und tiefen Zäsuren zwischen den einzelnen historischen Kontexten als Besonderheit herausgestellt werden. Als Kontinuität können dabei vor allem die beteiligten Akteure angeführt werden, denn unabhängig von der Person, blieb im Deutschen Kaiserreich zwar das Amt des Reichskanzlers schon auf Grund der verfassungsmäßigen Stellung der Dreh- und Angelpunkt jeglicher Sozialgesetzgebung. Trotzdem konnten aber die Wirtschaft und vor allem die Ministerialbürokratie immer wieder entscheidende Impulse setzen und müssen daher als Konstanten betrachtet werden. Dies wird umso deutlicher, wenn man auf die sozialgesetzgeberische Tätigkeit vor der Gründung des Kaiserreiches blickt. Hier kann gerade in Preußen von einer Tradition der Staatsintervention in wirtschaftliche und gesellschaftliche Bereich gesprochen werden, die mit dem „Preußischen Regulativ über die Beschäftigung jugendlicher Arbeiter in Fabriken" vom 9. März 1839 ihren Anfang nahm und bis hin zur Gewerbeordnung des Norddeutschen Bundes reichte. Sie wurde dann bis auf wenige Punkte vollständig vom Deutschen Kaiserreich übernommen. Auch die Ministerialbürokratie knüpfte hier zum großen Teil inhaltlich und personell nahtlos an. Ihr Einfluss hing dann vom persönlichen Verhältnis der Beamten zum Reichskanzler, aber insbesondere auch von der Eigeninitiative und den fachlichen Fähigkeiten ab. Infolge der stetig wachsenden Bürokratisierung, die vor allem auch ein Resultat der Sozialgesetzgebung war, kam der Ministerialbürokratie quasi automatisch eine steigende Bedeutung zu. Auf Grund der Komplexität des Politikfeldes „Sozialpolitik", stieg zudem auch der Bedarf an sozialwissenschaftlichen Erkenntnissen, die bereits unter Bismarck nur noch von spezialisierten Beamten und Fachpolitikern verstanden und in entsprechende Gesetze transformiert werden konnten. Hierin ist der Aufstieg des neuen Beamtentypus mit einer umfassenden ökonomischen, verwaltungswissenschaftlichen und soziologischen Bildung begründet, der in Hermann Wagener seinen sozialkonservativen und in Theodor Lohmann seinen liberal-konservativen Archetypus fand. Beide waren dabei insbesondere durch Lorenz von Stein und dessen Konzeption des „sozialen Königtums" geprägt. Entsprang die sozialpolitische Gesetzgebung damit also gerade am Anfang in wesentlichen Teilen den unteren Ebenen der Ministerialbürokratie, die meist überwiegend evangelisch-sozialethisch und damit zugleich konfessionell-sozialreformerisch sozialisiert war, so bestand bis zum Unfallversicherungsgesetz 1884 auch ein direkter Einfluss der ebenfalls an der Sozialreform orientierten Kathedersozialisten. Dieser wurde vor allem in der Person Albert Schäffle verkörpert. Nach dem Unfallversicherungsgesetz verringerte sich der direkte Einfluss der Kathedersozialisten zwar, da mit der zunehmenden Bürokratisierung besonders die Fachministerien ins Entscheidungszentrum rückten und Bismarck selbst zunehmend das Interesse an den langwierigen und im Reichstag immer wieder verzögerten Gesetzgebungsprozessen verlor, gänzlich darf man aber eine Wirkung der Kathedersozialisten auch nach 1884 nicht verneinen, denn auch wenn sie an der konzeptionellen Gestaltung der weiteren sozialpolitischen Maßnahmen keinen direkten Einfluss ausübten, so muss auf die zunehmende Bedeutung der Sozialwissenschaften hingewiesen werden, deren zentrale Funktion zunehmend darin bestand, als wissenschaftlicher Dienstleister, die dringend benötigten empirischen Kenntnisse, Methoden und statistischen Kennzahlen zur Verfügung zu stellen, ohne die ein moderner Industriestaat nicht regiert und verwaltet werden kann. Gerade die massive Klageflut des Reichshaftpflichtgesetzes von 1871 resultierte z.B. hauptsächlich aus dem fehlenden Wissen über die tatsächlichen Zustände innerhalb der Fabriken. Dieser gescheiterte erste Versuch staatlicher Sozialgesetzgebung des Deutschen Kaiserreiches muss dann auch zwingend als ein zentraler Ausgangspunkt sowohl für die Erarbeitung der Unfall- als auch für die Krankheits-, Alters- und Invalidenversicherungen angesehen werden. Diese stehen allesamt thematisch in einem unmittelbaren Bezug zueinander, der allein durch die verschiedenen Interessen der einzelnen Akteure bei der praktischen Umsetzung zu einer Separierung führte. Deutlich wird das insbesondere in den Konzepten Theodor Lohmanns, der sämtliche Versicherungen als eine thematische Einheit ansah. Legten bei der praktischen Umsetzung dann vor allem die sozialreformerisch geprägten Akteure den Schwerpunkt auf die primäre Realisierung einer Krankenversicherung, so stand für Bismarck und die Wirtschaft die Unfallversicherung im Zentrum des Interesses. Vor allem daran werden die unterschiedlichen Zielstellungen der Akteure ersichtlich. Während die Krankenversicherung in erster Linie direkt auf eine Unterstützung der Arbeiter abzielte, stand bei der Unfallversicherung das Moment der nachträglichen Unfallentschädigung an erster Stelle. Hierfür waren aber sowohl bei Bismarck als auch in der Wirtschaft nicht Arbeiterinteressen ausschlaggebend, sondern vor allem das Ziel, durch eine vom Staat initiierte Sozialgesetzgebung die ökonomischen und politischen Risiken der desolaten Fabrikverhältnisse soweit einzudämmen, dass die jeweiligen sozialen Klassen (aus Bismarcks Perspektive müsste man eher Stände sagen), auch ihrer Rolle im monarchischen Ständestaat gerecht werden konnten. Hierin lag der Kern der konservativen Politikauffassung Bismarcks begründet. Denn im Hinblick auf den monarchischen Staat hatten Arbeiterschaft und Großindustrie zwar in einem hierarchischen aber dennoch harmonischen Verhältnis zueinander zu stehen, wollte die politische Stabilität und damit auch die europäische Hegemonialstellung Deutschlands nicht gefährdet werden. Dass beide Klassen, genau wie der neue Typus des Ministerialbeamten, dabei aber bereits Ausdruck der Industriegesellschaft waren und die Starrheit der überkommenen Ordnung zunehmend als Hindernis empfanden, wurde von Bismarck nicht erkannt. Er Begriff alle drei vielmehr als einzelne politische Instrumente, die im Hinblick auf eine stabile Machtverteilung ständig austariert und gegeneinander ausgespielt werden mussten. Das Sozialistengesetz, der Volkswirtschaftsrat und die strikte Reglementierung der Ministerialkompetenzen sind hier die eindrucksvollen Beispiele. Insgesamt sollten Wirtschaft und Ministerialbürokratie dabei der Arbeiterbewegung und dem Reichstag gegenübergestellt werden. Eine am Selbstzweck orientierte Sozialgesetzgebung war in diesem Verständnis daher auch nie vorgesehen. Ließ sich dabei insbesondere die Wirtschaft auf Grund der Übereinstimmung mit eigenen Profitinteressen dazu bereitwillig instrumentalisieren, kann bei Kathedersozialisten und Ministerialbürokratie davon keine Rede sein. Ihr formelles und informelles Wirken ist daher maßgeblich dafür verantwortlich, dass die Sozialgesetzgebung überhaupt zu einem vielfach kopierten Erfolgsmodell wurde und noch im Kaiserreich eine deutliche Verbesserung der sozialen Lage der Arbeiter zu verzeichnen war. Eine Simplifizierung auf den Terminus „Bismarcks Sozialpolitik" ist daher schlicht und einfach historisch falsch. Gerade die Entstehung der Unfallversicherung, die eben nicht nur auf einem Gesetzentwurf Bismarcks basierte, sondern sich mindestens aus den drei Entwürfen von Theodor

Lohmann, Albert Schäffle und der gesamten Großindustrie unter Federführung Louis Baares sowie dem CDI zusammenfügte, zeigt wie notwendig eine erweiterte Perspektive in diesem Bereich ist. Dafür müssten zukünftig insbesondere der Einfluss der Großindustrie und die persönliche Vernetzung ihrer führenden Vertreter in den Blickpunkt geraten. Gerade bei Louis Baare ist dabei mit einer engen Verknüpfung von biographischen, wirtschaftlichen und politischen Überschneidungen zu rechnen, die als Kennzeichen moderner Industriegesellschaften angesehen werden müssen. Aber auch im Hinblick auf den Einfluss der Kathedersozialisten muss der Fokus deutlich mehr auf die persönlichen Beziehungsverhältnisse im politischen Raum gelegt werden. Dabei ist zwingend mit Albert Schäffle zu beginnen, dessen umfangreicher Gesetzentwurf vermutlich Aufschluss über zentrale Meinungsbildungsprozesse bei Otto von Bismarck geben dürfte. Darüber hinaus ist der Blick aber vor allem auf die jeweiligen Gesetzgebungsprozesse im Reichstag und die daran beteiligten Akteure zu richten. In Verbindung mit biographischen Analysen, lässt dies wichtige persönliche Überschneidungen einzelner Akteure erwarten. Von Interesse sind dabei besonders der individuelle sozioökonomische Hintergrund sowie die Mitgliedschaft in Parteien, Institutionen, Verbänden, Vereinen und Konfessionsgemeinschaften. All dies sind Punkte, die während des Quellenstudiums für die vorliegende Arbeit immer wieder entscheidende Hinweise gaben und erst so die Zusammenhänge nachvollziehbar machten. Mit Blick auf die Zukunft sorgt vermutlich allein die thematische Besonderheit der Gleichzeitigkeit von epochenübergreifender historischer Relevanz und regelmäßig wiederkehrender Tagesaktualität der Sozialgesetzgebung des Deutschen Kaiserreiches dafür, dass sich auch zukünftig wichtige Forschungsprojekte dem Thema widmen werden. Die Grundfragen nach der sozialen Verantwortung des Staates für seine Bürger, die unterschiedlichen Ansichten hinsichtlich der Pflicht diese Verantwortung durch Sozialpolitik aktiv zu gestalten sowie der Streit involvierter Akteure darüber, in welchem Umfang der Staat tätig werden soll, ist aktueller denn je und bedient sich dabei zum Teil noch immer Argumentationslinien die ihren Ursprung oft schon im 19. Jahrhundert finden.

8. Quellenverzeichnis

Augsburger Allgemeine Zeitung Nr. 280, 281 (7./8. Oktober 1881) in: Quellensammlung zur Geschichte der deutschen Sozialpolitik (1867-1914), Abt. 1, Bd. 1, Dokument Nr. 207.

Baare, Louis: Promemoria für den Preußischen Handelsminister (30. April 1880), in: Quellensammlung zur Geschichte der deutschen Sozialpolitik (1867-1881), Abt. 1, Bd. 2, Dokument Nr. 57.

Baare, Louis: Brief an Karl Heinrich Brüggemann (1. Otober 1880), in: Quellensammlung zur Geschichte der deutschen Sozialpolitik (1867-1881), Abt. 1, Bd. 2, Dokument Nr. 97.

Bosse, Robert: Tagbucheintrag (12. September 1878), in: Quellensammlung zur Geschichte der deutschen Sozialpolitik (1867-1914), Abt. 1, Bd. 1, Dokument Nr. 154.

Krupp, Alfred: Rundschreiben an die Firma Friedr. Krupp (10. Oktober 1871), in: Quellensammlung zur Geschichte der deutschen Sozialpolitik (1867-1881), Abt. 1, Bd. 8, Dokument Nr. 27.

Krupp, Alfred: Rundschreiben an die Firma Friedr. Krupp (26. Dezember 1871), in: Quellensammlung zur Geschichte der deutschen Sozialpolitik (1867-1881), Abt. 1, Bd. 8, Dokument Nr. 32.

Lohmann, Theodor: Brief an Ernst Wyneken (15. Dezember 1871), in: Machtan, Lothar (Hrsg.): Mut zur Moral. Aus der privaten Korrespondenz des Gesellschaftsreformers Theodor Lohmann, Bd. 1, Dokument Nr. 197, Bremen 1995.

Lohmann, Theodor: Brief an Rudolf Friedrichs (26. Dezember 1871), in: Machtan, Lothar (Hrsg.): Mut zur Moral. Aus der privaten Korrespondenz des Gesellschaftsreformers Theodor Lohmann, Bd. 1, Dokument Nr. 198, Bremen 1995.

Lohmann, Theodor: Aufzeichnung des Regierungsrates Theodor Lohmann (20. April 1872), in: Quellensammlung zur Geschichte der deutschen Sozialpolitik (1867-1881), Abt. 1, Bd. 1, Dokument Nr. 99.

(Ohne Verfasser) Bericht des CDI (26. März 1880), in: Quellensammlung zur Geschichte der deutschen Sozialpolitik (1867-1881), Abt. 1, Bd. 2, Dokument Nr. 55.

(Ohne Verfasser): Einleitung, in: Quellensammlung zur Geschichte der deutschen Sozialpolitik , S. XXIII-XXIV.

Preußisches Regulativ über die Beschäftigung jugendlicher Arbeiter in Fabriken vom 9. März 1839, abgedruckt in: Erdmann, Gerhard: Quellensammlung zur Kulturgeschichte. Die Entwicklung der deutschen Sozialgesetzgebung (Bd. 10), 2. erw. Aufl., Göttingen 1957, S. 148-149.

Quellensammlung zur Geschichte der deutschen Sozialpolitik (1867-1881), Abt. 1, Bd. 2, Dokument Nr. 20.

Quellensammlung zur Geschichte der deutschen Sozialpolitik (1867-1881), Abt. 1, Bd. 2, Dokument Nr. 46.

Quellensammlung zur Geschichte der deutschen Sozialpolitik (1867-1881), Abt. 1, Bd. 2, Dokument Nr. 50

Quellensammlung zur Geschichte der deutschen Sozialpolitik (1867-1881), Abt. 1, Bd. 2, Dokument Nr. 53.

Quellensammlung zur Geschichte der deutschen Sozialpolitik (1867-1881), Abt. 1, Bd. 2, Dokument Nr. 54.

Quellensammlung zur Geschichte der deutschen Sozialpolitik (1867-1881), Abt. 1, Bd. 2, Dokument Nr. 55.

Quellensammlung zur Geschichte der deutschen Sozialpolitik (1867-1881), Abt. 1, Bd. 2, Dokument Nr. 57.

Quellensammlung zur Geschichte der deutschen Sozialpolitik (1867-1881), Abt. 1, Bd. 2, Dokument Nr. 79.

Quellensammlung zur Geschichte der deutschen Sozialpolitik (1867-1881), Abt. 1, Bd. 2, Dokument Nr. 80.

Quellensammlung zur Geschichte der deutschen Sozialpolitik (1867-1881), Abt. 1, Bd. 2, Dokument Nr. 81.

Quellensammlung zur Geschichte der deutschen Sozialpolitik (1867-1881), Abt. 1, Bd. 2, Dokument Nr. 87.

Quellensammlung zur Geschichte der deutschen Sozialpolitik (1867-1881), Abt. 1, Bd. 2, Dokument Nr. 131.

Quellensammlung zur Geschichte der deutschen Sozialpolitik (1867-1881), Abt. 1, Bd. 2, Dokument Nr. 132.

von Bismarck, Otto: Brief an die Gräfin v. Bismarck-Bohlen (Greifswald 1838), in: Rothfels, Hans: Bismarck und der Staat. Ausgewählte Dokumente, Dokument Nr. 2, Darmstadt 1957.

von Bismarck, Otto: Schreiben des preußischen Ministerpräsidenten Otto von Bismarck an den preußischen Handelsminister Heinrich Graf von Itzenplitz (12. April 1863), in: Quellensammlung zur Geschichte der deutschen Sozialpolitik (1867-1881), Abt. 1, Bd. 1, Dokument Nr. 9.

von Bismarck, Otto: Rede in der 23. Sitzung des Preußischen Abgeordneten Hauses (30. Januar 1872), in: Milatz, Alfred (Hrsg.): Otto von Bismarck. Werke in Auswahl. Jahrhundertausgabe zum 23. September 1862 (Bd. 5 Erster Teil), Dokument Nr. 90, unveränd. Nachdruck, Darmstadt 2001.

von Bismarck, Otto: Brief an Hermann Wagener (27. Februar 1872), in: Milatz, Alfred (Hrsg.): Otto von Bismarck. Werke in Auswahl. Jahrhundertausgabe zum 23. September 1862 (Bd. 5 Erster Teil), Dokument Nr. 99, unveränd. Nachdruck, Darmstadt 2001.

von Bismarck, Otto: Schreiben an Roon: Gründe für den Rücktritt vom Präsidium des preußischen Staatsministeriums (Entwurf Bucher) (13. Dezember 1872), in: Milatz, Alfred (Hrsg.): Otto von Bismarck. Werke in Auswahl. Jahrhundertausgabe zum 23. September 1862 (Bd. 5 Erster Teil), Dokument Nr. 160, unveränd. Nachdruck, Darmstadt 2001.

von Bismarck, Otto: Rede in der 15. Sitzung des Preußischen Herrenhauses (10. März 1873), in: Milatz, Alfred (Hrsg.): Otto von Bismarck. Werke in Auswahl. Jahrhundertausgabe zum 23. September 1862 (Bd. 5 Erster Teil), Dokument Nr. 177, unveränd. Nachdruck, Darmstadt 2001.

von Bismarck, Otto: Gespräch mit Gustav von Diest (19. März 1873), in: Milatz, Alfred (Hrsg.): Otto von Bismarck. Werke in Auswahl. Jahrhundertausgabe zum 23. September 1862 (Bd. 5 Erster Teil), Dokument Nr. 180, unveränd. Nachdruck, Darmstadt 2001.

von Bismarck, Otto: Erlaß an den Prinzen Heinrich VII. Reuß-St. Petersburg: Übermittlung einer n Zaren (5. Februar 1874), in: Milatz, Alfred (Hrsg.): Otto von Bismarck. Werke in Auswahl. Jahrhundertausgabe zum 23. September 1862 (Bd. 5 Erster Teil), Dokument Nr. 249, unveränd. Nachdruck, Darmstadt 2001.

von Bismarck, Otto: Rede in der 25. Sitzung des Deutschen Reichstages (05. Dezember 1874), in: Milatz, Alfred (Hrsg.): Otto von Bismarck. Werke in Auswahl. Jahrhundertausgabe zum 23. September 1862 (Bd. 5 Erster Teil), Dokument Nr. 298, unveränd. Nachdruck, Darmstadt 2001.

von Bismarck, Otto: Gespräch mit dem sächsischen Staatsminister Freiherr von Friesen (Frühjahr 1875), in: Milatz, Alfred (Hrsg.): Otto von Bismarck. Werke in Auswahl. Jahrhundertausgabe zum 23. September 1862 (Bd. 5 Erster Teil), Dokument Nr. 335, unveränd. Nachdruck, Darmstadt 2001.
von Bismarck, Otto: Brief an Wagener: Stellungnahme zu den Folgen der Eisenbahn-Affäre (8. September 1876), in: Milatz, Alfred (Hrsg.): Otto von Bismarck. Werke in Auswahl. Jahrhundertausgabe zum 23. September 1862 (Bd. 5 Erster Teil), Dokument Nr. 400, unveränd. Nachdruck, Darmstadt 2001.

von Bismarck, Otto: Schreiben an Finanzminister Hobrecht: Die Steuerreform in Preußen und im Reich (Konzept Tiedemann) (25. Mai 1878), in: Milatz, Alfred (Hrsg.): Otto von Bismarck. Werke in Auswahl. Jahrhundertausgabe zum 23. September 1862 (Bd. 6 Zweiter Teil), Dokument Nr. 57, unveränd. Nachdruck, Darmstadt 2001.

von Bismarck, Otto: Rede des Reichskanzlers Fürst von Bismarck im Deutschen Reichstag (17. September 1878) in: Quellensammlung zur Geschichte der deutschen Sozialpolitik (1867-1881), Abt. 1, Bd. 1, Dokument Nr. 157.

von Bismarck, Otto: Rede in der 77. Sitzung des Deutschen Reichstages (9. Juli 1879), in: Milatz, Alfred (Hrsg.): Otto von Bismarck. Werke in Auswahl. Jahrhundertausgabe zum 23. September 1862 (Bd. 6 Zweiter Teil), Dokument Nr. 99, unveränd. Nachdruck, Darmstadt 2001.

von Bismarck, Otto: Erlaß des Reichskanzlers (8. März 1880), in: Quellensammlung zur Geschichte der deutschen Sozialpolitik (1867-1881), Abt. 1, Bd. 2, Dokument Nr. 49.

von Bismarck, Otto: Rede in der 48. Sitzung des Deutschen Reichstages (8. Mai 1880), in: Milatz, Alfred (Hrsg.): Otto von Bismarck. Werke in Auswahl. Jahrhundertausgabe zum 23. September 1862 (Bd. 6 Zweiter Teil), Dokument Nr. 136, unveränd. Nachdruck, Darmstadt 2001.

von Bismarck, Otto: Schreiben an das Preußische Staatsministerium: Entwurf einer Verordnung über die Errichtung eines preußischen Volkswirtschaftsrates (15. Oktober 1880), in: Milatz, Alfred (Hrsg.): Otto von Bismarck. Werke in Auswahl. Jahrhundertausgabe zum 23. September 1862 (Bd. 6 Zweiter Teil), Dokument Nr. 150, unveränd. Nachdruck, Darmstadt 2001.

von Bismarck, Otto: Gespräch mit dem württembergischen Staatsminister Freiherrn von Mittnacht (25. und 30. November sowie 2. Dezember 1881), in: Milatz, Alfred (Hrsg.): Otto von Bismarck. Werke in Auswahl. Jahrhundertausgabe zum 23. September 1862 (Bd. 6 Zweiter Teil), Dokument Nr. 192, unveränd. Nachdruck, Darmstadt 2001.

von Bismarck, Otto: Gespräche mit dem ehemaligen österreichischen Minister Dr. Albert Schäffle (3. und 6. Januar 1882), in: Milatz, Alfred (Hrsg.): Otto von Bismarck. Werke in Auswahl. Jahrhundertausgabe zum 23. September 1862 (Bd. 6 Zweiter Teil), Dokument Nr. 201, unveränd. Nachdruck, Darmstadt 2001.

von Bismarck, Otto: Rede in der 20. Sitzung des Deutschen Reichstages (9. Januar 1882), in: Milatz, Alfred (Hrsg.): Otto von Bismarck. Werke in Auswahl. Jahrhundertausgabe zum 23. September 1862 (Bd. 6 Zweiter Teil), Dokument Nr. 203, unveränd. Nachdruck, Darmstadt 2001.

von Bismarck, Otto: Gespräch mit dem sächsischen Gesandten Graf Hohenthal (30. Januar 1890), in: Milatz, Alfred (Hrsg.): Otto von Bismarck. Werke in Auswahl. Jahrhundertausgabe zum 23. September 1862 (Bd. 7), Dokument Nr. 278, unveränd. Nachdruck, Darmstadt 2001.

von Schönberg, Gustav Friedrich: Arbeitsämter, eine Aufgabe des Deutschen Reiches (1871), in: Schraepler, Ernst (Hrsg.): Quellen zur Geschichte der sozialen Frage in Deutschland. 1871 bis zur Gegenwart, Dokument Nr. 5, 3. erw. Aufl., Göttingen /Zürich 1996.

Wagener, Hermann: Denkschrift für das preußische Staatsministerium (13. Februar 1863), in: Quellensammlung zur Geschichte der deutschen Sozialpolitik (1867-1881), Abt. 1, Bd. 1, Dokument Nr. 2.

Wagener, Hermann: Denkschrift für den Reichskanzler Otto von Bismarck (29. Januar 1872), in: Quellensammlung zur Geschichte der deutschen Sozialpolitik (1867-1881), Abt. 1, Bd. 1, Dokument Nr. 29.

Wagener, Hermann: Promemoria über die preußisch-österreichische Konferenz zur sozialen Frage (15. Dezember 1872), in: Quellensammlung zur Geschichte der deutschen Sozialpolitik (1867-1881), Abt. 1, Bd. 1, Dokument Nr. 120.

Wichern, Johann Hinrich: Die Mitarbeit der evangelischen Kirche an den sozialen Aufgaben der Gegenwart, in: Quellensammlung zur Geschichte der deutschen Sozialpolitik (1867-1881), Abt. 1, Bd. 8, Dokument Nr. 28.

Internetquellen:

150 Jahre IHK, in:
http://www.bochum.ihk.de/linebreak4/mod/netmedia_document/data/Jubilaeum sbroschuere%20.pdf, (12.02.2012)

Ullrich, Volker: Die deutsche Frage ist gelöst. Ein Gespräch mit dem Historiker Heinrich August Winkler zu seinem 70. Geburtstag, in:
http://www.zeit.de/2008/52/KA-Mittelst-ck52-Winkler, (19.12.2011).

Ohne Verfasser: http://www.wahlen-in-deutschland.de/krtw.htm, (13.01.2012).

Ohne Verfasser: http://www.unikassel.de/projekte/quellensammlung/ informationen.html, (23.01.2012).

9. Literaturverzeichnis

Albrecht, Henning: Antiliberalismus und Antisemitismus: Hermann Wagener und die preußischen Sozialkonservativen 1855-1873, Paderborn 2010.

Alings, Reinhard: Monumente und Nation. Das Bild vom Nationalstaat im Medium Denkmal – zum Verhältnis von Nation und Staat im deutschen Kaiserreich 1871-1918, Berlin 1996.

Althammer, Beate: Das Bismarckreich 1971-1890, Paderborn 2009.

Andersen, Arne: Arbeiterschutz in Deutschland im frühen 19. Und 20. Jahrhundert, in: Archiv für Sozialgeschichte, Bd. 31 / 1991.

Berg, Nicolas: Der Holocaust und die westdeutschen Historiker. Erforschung und Erinnerung, 3. Aufl. Göttingen 2004.

Blasius, Dirk: Lorenz von Stein, in: Wehler, Hans-Ulrich: Deutsche Historiker, Göttingen 1973.

Borchardt, Knut: Die industrielle Revolution in Deutschland 1750-1914, in: Cipolla, Carlo M. / Borchardt, Knut: Europäische Wirtschafsgeschichte (Bd. 4). Die Entwicklung der industriellen Gesellschaften, Stuttgart 1985.

Born, Karls Erich: Staat und Sozialpolitik seit Bismarcks Sturz, Wiesbaden 1957.

Born, Karl Erich: Geschichte der Wirtschaftswissenschaften an der Universität Tübingen 1817-1967, Tübingen 1976.

Burke, Edmund: Betrachtungen über die Französische Revolution (Dt. Übersetzung), Bd 1., Braunschweig 1838.

Bussiek, Dagmar: „Mit Gott für König und Vaterland". Die Neue Preußische Zeitung (Kreuzzeitung) 1848-1892, (Schriftenreihe der Stipendiaten der Friedrich- Ebert-Stiftung Bd. 15), Münster 2002.

Büttner, Ursula: Weimar. Die überforderte Republik 1918-1933, Bonn 2010.

Clark, Christopher: Preußen. Aufstieg und Niedergang 1600-1947, Bonn 2007.
de Tocqueville, Alexis: Über die Demokratie in Amerika, Stuttgart 1985 (zuerst 1835).

Eckel, Jan: Geschichte als Gegenwartswissenschaft. Eine Skizze zur intellektuellen Biographie von Hans Rothfels, in: Hürter, Johannes / Woller, Hans (Hrsg.): Hans Rothfels und die deutsche Zeitgeschichte, München 2005.

Eckel, Jan: Hans Rothfels. Eine intellektuelle Biographie im 20. Jahrhundert, Göttingen 2005.

Engelberg, Ernst: Bismarck, Bd. 1-2, Berlin 1985.

Eyck, Erich: Bismarck nach fünfzig Jahren, in: Gall, Lothar (Hrsg.): Das Bismarck-Problem in der Geschichtsschreibung nach 1945, Köln / Berlin, 1971.

Fontane, Theodor: Von Zwanzig bis Dreißig, Berlin 1898.
Gall, Lothar: Bismarck. Der weiße Revolutionär, Frankfurt (Main) 1980.

Geiss, Imanuel: Nationalismus als Problem deutscher Geschichtswissenschaft nach 1945, in: Elvert, Jürgen / Krauß, Susanne (Hrsg.): Historische Debatten und Kontroversen im 19. und 20. Jahrhundert, Wiesbaden 2003.

Graml, Hermann: Massenmord und Militäropposition. Zur jüngsten Diskussion über den Widerstand im Stab der Heeresgruppe Mitte, in: VfZ 1/2006.

Haar, Ingo: Historiker im Nationalsozialismus. Deutsche Geschichtswissenschaft und der „Volkstumskampf" im Osten, 2. Aufl., Göttingen 2002.

Haar, Ingo: Anpassung und Versuchung. Hans Rothfels und der Nationalsozialismus, in: Hürter, Johannes / Woller, Hans (Hrsg.): Hans Rothfels und die deutsche Zeitgeschichte, München 2005.

Hannsen, Eckard / Tennstedt, Florian: Biographisches Lexikon zur Geschichte der deutschen Sozialpolitik 1871-1945, Bd. 1, Kassel 2010.

Hefter, Heinrich: Bismarcks Sozialpolitik, in: Archiv für Sozialgeschichte, Bd. 3/1963.

Hentschel, Volker. Das System der sozialen Sicherung in historischer Sicht 1880-1975, In: Archiv für Sozialgeschichte, Bd. 18/1978.

Hentschel, Volker: Geschichte der deutschen Sozialpolitik 1880-1980, Frankfurt (Main) 1983.

Herbert, Ulrich: Der „Historikerstreit und das bundesrepublikanische Selbstverständnis, in: Kronenberg, Volker: Zeitgeschichte, Wissenschaft und Politik. Der „Historikerstreit" – 20 Jahre danach, Wiesbaden 2008.

Hildebrand, Klaus: Erich Eyck, in: Wehler, Hans-Ulrich (Hrsg.): Deutsche Historiker, Göttingen 1973.

Hockerts, Hans Günter: Ausblick: Bürgerliche Sozialreform nach 1945, in: vom Bruch, Rüdiger (Hrsg.): Bürgerliche Sozialreform in Deutschland vom Vormärz bis zur Ära Adenauer, München 1985.

Jaeger, Hans: Wirtschaftsordnung in Deutschland, Frankfurt (Main) 1988.

Kocka, Jürgen: Zur jüngeren marxistischen Sozialgeschichte. Eine kritische Analyse unter besonderer Berücksichtigung sozialgeschichtlicher Ansätze in der DDR, in: Fischer, Alexander / Heydemann, Günther (Hrsg.): Geschichtswissenschaft in der DDR, Bd. I, Berlin 1988.

Kocka, Jürgen: Bürger und Bürgerlichkeit im Wandel, in: APuZ, 9-10/2008.

Kolb, Eberhard: Bismarck, München 2009.

Kraus, Hans-Christof: Hermann Wagener (1815-1889), in: Heidenreich, Bernd (Hrsg.): Politische Theorie des 19. Jahrhunderts, 2. neu bearb. Aufl., Wiesbaden 1999/2000.

Kühn, Ulrich: Der Grundgedanke der Politik Bismarcks, Döttelbach 2001.

Lüdicke, Lars: Griff nach der Weltmacht. Die Außenpolitik des Dritten Reiches 1933-1945, Berlin 2009.

Machtan, Lothar: Zum Innenleben deutscher Fabriken im 19. Jahrhundert. Die formelle und die informelle Verfassung von Industriebetrieben, anhand von Beispielen aus der Textil- und Maschinenbauproduktion (1869-1891), in: Archiv für Sozialgeschichte, Bd. 21/1981.

Machtan, Lothar: Bismarck-Kult und deutscher National-Mythos 1890-1940, in: Ders. (Hrsg.): Bismarck und der deutsche Nationalmythos, Bremen 1994.

Machtan, Lothar: Einführung, in: Ders. (Hrsg.): Bismarck und der deutsche Nationalmythos, Bremen 1994.

Machtan, Lothar: Abdankung. Wie Deutschlands gekrönte Häupter aus der Geschichte fielen, Berlin 2008.

Mann, Golo: Bismarck, in: Gall, Lothar (Hrsg.): Das Bismarck-Problem in der Geschichtsschreibung nach 1945, Köln / Berlin, 1971.

Mommsen, Wilhelm: Bismarck und Lassalle, in: Archiv für Sozialgeschichte, Bd. 3/1963.

Mommsen, Wolfgang: Das deutsche Kaiserreich als System umgangener Entscheidungen, in: Ders. (Hrsg.): Der autoritäre Nationalstaat. Verfassung, Gesellschaft und Kultur im deutschen Kaiserreich, Frankfurt (Main) 1990.

Mommsen, Wolfgang: Der Geist von 1914: Das Programm eines politischen Sonderwegs der Deutschen in: Ders. (Hrsg.): Der autoritäre Nationalstaat. Verfassung, Gesellschaft und Kultur im deutschen Kaiserreich, Frankfurt (Main) 1990.

Mommsen Wolfgang: Der Topos vom unvermeidlichen Krieg: Außenpolitik und öffentliche Meinung im Deutschen Reich im letzten Jahrzehnt vor 1914, in: Ders. (Hrsg.): Der autoritäre Nationalstaat. Verfassung, Gesellschaft und Kultur im deutschen Kaiserreich, Frankfurt (Main) 1990.

Münkler, Herfried: Die Deutschen und ihre Mythen, Bonn 2010.

Nipperdey, Thomas: Grundprobleme der deutschen Parteigeschichte im 19. Jahrhundert, in: Ritter, Gerhard A. (Hrsg.): Die deutschen Parteien vor 1918, Köln 1973.

Pflanze, Otto: Bismarck. Der Reichskanzler, 1. Aufl. in der Beck`schen Reihe, München 2008.

Pierenkemper, Toni: Unternehmensgeschichte. Eine Einführung in ihre Methode und Ergebnisse. (Grundzüge der modernen Wirtschaftsgeschichte Bd.1), Stuttgart 2000.

Reidegeld, Eckart: Staatliche Sozialpolitik in Deutschland. Von den Ursprüngen bis zum Untergang des Kaiserreiches 1918, (Bd.1), 2. Aufl., Wiesbaden 2006.

Reif, Heinz: Soziale Lage und Erfahrungen des alternden Fabrikarbeiters in der Schwerindustrie des westlichen Ruhrgebietes während der Hochindustrialisierung, in: Archiv für Sozialgeschichte, Bd. 22 / 1982.

Ritter, Gerhard: Das Bismarckproblem, in: Gall, Lothar (Hrsg.): Das Bismarck-Problem in der Geschichte nach 1945, Köln/ Berlin 1971.

Ritter, Gerhard A.: Der Sozialstaat. Entstehung und Entwicklung im internationalen Vergleich, München 2010.

Reulecke, Jürgen: Von der Dorfschule zum Schulsystem. Schulprobleme und Schulalltag in einer jungen Industriestadt vor dem Ersten Weltkrieg, in: Ders. / Weber, Wolfhard (Hrsg.): Fabrik, Familie, Feierabend. Beiträge zur Sozialgeschichte des Alltags im Industriezeitalter, Wuppertal 1978, S. 247-271.

Schäffle, Albert: Aus meinem Leben, Stuttgart 1899.

Shlomo Na`am: Lassalles Beziehung zu Bismarck – ihr Sinn und Zweck, in: Archiv für Sozialgeschichte, Bd. 2 / 1962.

Schmidt, Gustav: Die Nationalliberalen – eine regierungsfähige Partei? Zur Problematik der inneren Reichsgründung 1870-1878, in: Ritter, Gerhard A. (Hrsg.): Die deutschen Parteien vor 1918, Gütersloh 1973.

Schulze, Winfried: Der Neubeginn der deutschen Geschichtswissenschaft nach 1945: Einsichten und Absichtserklärungen der Historiker nach der "Katastrophe", in: Ernst Schulin (Hrsg.): Deutsche Geschichtswissenschaft nach dem Zweiten Weltkrieg (1945-1965), München 1989.

Siemann, Wolfram: Vom Staatenbund zum Nationalstaat. Deutschland 1806-1871, München 1995.

Syrup, Friedrich / Neuloh, Otto: Hundert Jahre Staatliche Sozialpolitik 1839-1939, Stuttgart 1957.

Tennstedt, Florian: Hundert Jahre Sozialversicherung in Deutschland. Jubiläumsaktivitäten und Forschungsergebnisse, in: Archiv für Sozialgeschichte, Bd. 21/1981.

Tennstedt, Florian: Sozialgeschichte der Sozialpolitik in Deutschland. Vom 18. Jahrhundert bis zum Ersten Weltkrieg, Göttingen 1981.

Tennstedt, Florian: Vom Proleten zum Industriearbeiter. Arbeiterbewegung und Sozialpolitik in Deutschland von 1880 bis 1940, Köln 1983.

Ueberschär, Gerd R.: Für ein anderes Deutschland. Der deutsche Widerstand gegen den NS-Staat 1933-1945, 2. Aufl., Frankfurt (Main) 2006.

Ullmann, Hans-Peter: Industrielle Interessen und die Entstehung der deutschen Sozialversicherung 1880-1889, in: HZ, Bd. 229 /1979.

Ullmann, Hans-Peter: Das Deutsche Kaiserreich 1871-1918. Frankfurt (Main) 1995.

vom Bruch, Rüdiger: Bürgerliche Sozialreform im deutschen Kaiserreich, in: Ders. (Hrsg.): Bürgerliche Sozialreform in Deutschland vom Vormärz bis zur Ära Adenauer, München 1985.

vom Bruch, Rüdiger: Bürgerlichkeit, Staat und Kultur im Deutschen Kaiserreich, Wiesbaden 2005.

von Alemann, Ulrich: Das Parteiensystem der Bundesrepublik Deutschland, Bonn 2003.

von Eppstein, Georg Freiherr / Bornhak, Conrad: Bismarcks Staatsrecht. Die Stellungnahmen des Fürsten Otto von Bismarck zu den wichtigsten Fragen des Deutschen und Preußischen Staatsrechte, 2. Aufl., Berlin 1923.

von Stein, Lorenz: Geschichte der sozialen Bewegung in Frankreich. Von 1789 bis in unsere Tage, Bd. 2, Leipzig 1850.

Weber, Max: Bismarcks Erbe in der Reichsverfassung, in: Winkelmann, Johannes (Hrsg.): Max Weber. Gesammelte Politische Schriften, 5. Aufl., Tübingen 1988.

Weber, Max: Wirtschaft und Gesellschaft, Paderborn o.J.

Weber, Max: Die Erbschaft Bismarcks, in: Winkelmann, Johannes (Hrsg.): Max Weber. Gesammelte Politische Schriften, 5. Aufl., Tübingen 1988.

Weber, Max: Politik als Beruf, in: Kaesler, Dirk (Hrsg.): Max Weber. Schriften 1894-1922, Stuttgart 2002.

Weber, Max: Wirtschaft als Beruf, in: Kaesler, Dirk (Hrsg.): Max Weber. Schriften 1894-1922, Stuttgart 2002.

Wehler, Hans-Ulrich: Das Deutsche Kaiserreich 1871-1918, 5. Aufl., Göttingen 1983.

Wehler, Hans-Ulrich: Deutsche Gesellschaftsgeschichte 1849-1914, (Bd. 3), 2. Aufl., München 2006.

Winkler, Heinrich August: Der lange Weg nach Westen. Deutsche Geschichte 1806-1933, (Bd. 1), Bonn 2002.

Wischermann, Clemens / Nieberding, Anne: Die institutionelle Revolution. Eine Einführung in die deutsche Wirtschaftsgeschichte des 19. und frühen 20. Jahrhunderts, Wiesbaden 2004.

Zitt, Renate: Zwischen Innerer Mission und staatlicher Sozialpolitik. Der protestantische Sozialreformer Theodor Lohmann (1831-1905), Heidelberg 1997.

Zitt, Renate: Soziale Frage als Kulturfrage – Theodor Lohmann und sein Modell einer gesellschaftlichen Diakonie im Kaiserreich, in: Friedrich, Norbert / Jähnichen Traugott (Hrsg.): Sozialer Protestantismus im Kaiserreich. Problemkonstellationen – Lösungsperspektiven – Handlungsprofile, München 2005.

Impressum

Texte: © Copyright by
Stephan Zick
Storkower Str. 215
10367 Berlin
stephanzick@gmail.com

Alle Rechte vorbehalten.

Herstellung und Verlag:

BoD – Books on Demand, Norderstedt

ISBN 978-3-7392-3988-0

Tag der Veröffentlichung: 03.02.2016